Castelvecchi è un marchio di Lit Edizioni s.a.s.
Via Isonzo 34, 00198 Roma
Tel. 06.8412007
info@castelvecchieditore.com
www.castelvecchieditore.com

Emanuel Pietrobon

ZELENSKIJ

La storia dell'uomo che ha cambiato (per sempre) il modo di fare la guerra

Prefazione di Salvatore Santangelo

CASTELVECCHI

PREFAZIONE

di Salvatore Santangelo

In principio fu Waldo, il volgare orsetto virtuale protagonista di un episodio della serie distopica/antologica *Black Mirror* ideata da Charlie Brooker e prodotta in Gran Bretagna, il cui personaggio è più o meno costruito sul politicamente scorretto omologo Ted, già protagonista di due fortunati film con Mark Wahlberg.

In poco tempo Waldo, animato da un comico che intervista i politici mettendoli alla berlina, diventa così popolare – un vero e proprio meme virale – che i produttori del format decidono di cavalcare l'onda con una sua clamorosa candidatura al Parlamento.

L'orsetto non ha ovviamente un programma elettorale: la sua campagna si basa sulla violenta denigrazione degli avversari – in particolare Liam Monroe, il candidato conservatore che, stando ai sondaggi, è l'avversario da battere – e questo lo trasforma nel catalizzatore dell'antipolitica. Paradossalmente, la vera sconfitta sarà Gwendolyn Harris, la giovane e idealista candidata laburista, incapace di valorizzare la sua piattaforma programmatica in un confronto giocato soltanto sull'emotività e l'esasperazione polemica.

Per certi aspetti Waldo ricorda la marionetta a cui Platone paragona l'uomo nel primo libro delle *Leggi*, mossa dai fili "metallici" delle passioni (piacere e dolore *in primis*) e da quello "aureo" della ragione. L'effetto delle spinte e delle controspinte determina le nostre azioni, e in questa lotta tra passioni e ragione le prime hanno spesso la meglio: i fili "metallici" tirano con maggior potenza, e le emozioni hanno un'efficace presa su di noi.

Waldo è un espediente narrativo che rappresenta efficacemente la dinamica tipica dell'antipolitica e i pericoli che comporta: l'uso sistematico di un linguaggio brutale e dai propositi banalizzanti comporta il rischio di una brutalizzazione dei comportamenti e di una banalizzazione del pensiero della comunità a cui ci si rivolge.

Non imbarazzi, e non indigni, l'accostamento tra l'eroico presidente ucraino e *Black Mirror*: le similitudini sono tante da lasciare sgomenti. Nel 2019 Volodymyr Zelenskij, senza alcuna precedente esperienza politica, sull'onda della grande popolarità di attore e di radicali posizioni anti-establishment e anti-corruzione, ha vinto le elezioni ed è diventato presidente, trasferendo nella realtà le vicende del protagonista da lui rappresentato in una serie televisiva di successo. A partire da queste premesse, sono davvero eccezionali l'evoluzione e la maturazione del presidente ucraino, che è riuscito a utilizzare mirabilmente anche il "registro tragico" nella battaglia combattuta insieme al suo popolo contro la criminale invasione di Vladimir Putin. Il risultato di questo progresso umano, politico e anche tecnologico è l'oggetto di questo libro, per certi versi unico.

Sulla base di una notevolissima documentazione, Emanuel Pietrobon racconta e analizza con intelligenza e competenza un poderoso e allo stesso tempo drammatico esperimento di comunicazione politica e strategica, destinato a divenire un modello per il futuro, modificando per sempre i moderni campi di battaglia con tantissimi elementi di novità. Primo tra tutti proprio la "variabile Zelenskij".

Una parte di questa storia ha preso forma mentre il presidente era impegnato a guidare (per la verità non con grande successo) un Paese complesso come l'Ucraina. Per capire la portata e la difficoltà dell'impresa, va tenuto presente che ventimila chilometri quadrati del territorio – la Crimea – erano stati nel frattempo conquistati dall'invasore russo e che Zelenskij aveva ereditato una guerra a intensità variabile contro le due Repubbliche secessioniste: un conflitto che risucchiava risorse morali ed economiche, radicalizzando – contemporaneamente – ampie fette della sua opinione pubblica. E questo mentre il tessuto della società era lacerato dalle contraddizioni tra le aspettative palingenetiche della protesta di Euromaidan e lo squallore della quotidianità. Ad aggravare la situazione, la necessità di contrastare il costante tentativo di destabilizzazione politico-istituzionale da parte della propaganda putiniana.

Poi lo spartiacque.

Un nuovo climax.

Dopo l'invasione del 24 febbraio, Zelenskij si è trovato a interpretare un ruolo in cui si sono cristallizzati i caratteri di ben due archetipi biblici: Mosè e David, ovvero la guida verso la Terra Promessa e il condottiero di fronte a un nemico implacabile.

Mentre parlavo di questa storia al pubblico televisivo italiano, un politico mi ha accusato di cinismo, rimproverandomi un eccesso di distacco emotivo rispetto all'immane tragedia che il popolo ucraino e il suo leader si trovavano a vivere.

Senza smarrire la bussola morale (che punta decisamente a favore della causa di Kiev), sono tuttavia convinto che chi vuole comprendere l'evoluzione degli scenari e contribuire efficacemente al dibattito pubblico dovrebbe, anche nel pieno di una tempesta come quella a cui stiamo assistendo, accostarsi ai temi che affronta con il distacco dello storico, che non ha nulla a che fare con il cinismo. Di questo partecipe distacco il libro di Pietrobon è un mirabile esempio: le sue sono pagine straordinarie, perché, pur nel brevissimo lasso di tempo che ci separa dallo svolgersi degli eventi, ha trovato il giusto equilibrio tra analisi, profondità narrativa e partecipazione emotiva, e ha realizzato sia un efficace ritratto di Zelenskij, sia la matrice di un futuro manuale di comunicazione strategica 4.0.

Da parte mia, provo ad aggiungere alcuni elementi di riflessione.

Non giova a nessuno, tanto meno agli ucraini, trasformare adesso Zelenskij in un santino monodimensionale, nascondendo dietro le luci della ribalta mediatica alcuni elementi critici. Anche perché la sua strategia sarà davvero efficace solo se riuscirà a mobilitare totalmente l'opinione pubblica mondiale trasformandosi in una poderosa cassa di risonanza: da un lato dell'eroismo del popolo e dell'esercito che contrastano l'invasore, e dall'altra degli abomini di cui quest'ultimo si è reso protagonista. Avrà bisogno di una mobilitazione in grado non solo di generare pieno sostegno, ma anche di fargli ottenere sanzioni tali da permettere la difesa della totale sovranità e integrità territoriale del Paese, consentendo all'Ucraina di decidere autonomamente il proprio status e la propria futura collocazione internazionale: per intenderci, il proprio ingresso nell'Alleanza Atlantica.

La portata di queste legittime ambizioni di fronte alla violenza criminale a cui stiamo assistendo non può esimerci dal domandarci se il modello comunicativo adottato da Zelenskij, qualora i risultati fossero al di sotto delle aspettative alimentate, sia quello più vantaggioso. Infatti c'è il rischio di trovarci di fronte a una sorta di Battaglia di Canne mediatica.

Come sappiamo, nel 216 a.C. Annibale riuscì a sfruttare lo slancio delle legioni romane sulle pianure pugliesi rivolgendolo contro di loro e provocando un fatale sbilanciamento che ne portò alla distruzione. Nel contesto della videopolitica questo rischio è sempre presente, anche perché occorre continuamente contrastare il ben noto fenomeno conosciuto in psicologia come "abituazione": l'essere umano – pur di sopravvivere e salvaguardare la propria integrità psicologica – finisce per abituarsi a tutto, anche agli orrori che scivolano sempre più in basso nella programmazione mediatica, oltre la soglia di interesse e d'attenzione. Nella guerra ucraina proprio il contenimento di questo fenomeno potrebbe provocare il pericoloso sbilanciamento in grado di avvantaggiare il nemico Vladimir Putin, che pur di fronte alle oggettive difficoltà della sua "Operazione Speciale" continua a manifestare una calma e un distacco olimpici.

Certamente, i rispettivi messaggi sono calibrati su pubblici molto diversi. Da una parte, l'Ucraina parla a quella parte del mondo – l'Occidente – sensibile alla violazione dei diritti civili e alla difesa della libertà; dall'altra, il Cremlino struttura la propria comunicazione non solo per raggiungere – attraverso il prisma favorevole dei mezzi di informazione addomesticati – i pubblici di Paesi sensibili a parole d'ordine antioccidentali, ma fondamentalmente per "gestire" il fronte interno e, aspetto da non trascurare, per mobilitare le proprie quinte colonne.

Tutta questa vicenda ci mostra i pericolosi limiti della comunicazione ai tempi dei social media. Limiti tra i quali annovererei l'eccesso di emotività, la costante esigenza di spettacolarizzazione, la sistematica mancanza di approfondimento, il diradarsi dei confini tra informazione e disinformazione, cioè tra realtà e finzione. La videocrazia (che è tale proprio per il valore centrale dell'immagine) va gestita con grande prudenza, perché rischia di innescare una spirale che obbliga i responsabili politici e militari ad agire non sulla base di un chiaro disegno strategico ma sull'onda di impulsi immediati, provenienti dall'esterno e accresciuti dalla pressione di un'opinione pubblica emotivamente influenzata. Tutto ciò può togliere razionalità alla gestione delle crisi e dei conflitti, obbligando i governi a disporsi al combattimento su due fronti: quello propriamente operativo e – appunto – quello mediatico.

INTRODUZIONE

> Le folle non hanno mai avuto sete di verità. Chi sa illuderle diventa facilmente il loro padrone; chi tenta di disilluderle è sempre la loro vittima.
>
> GUSTAVE LE BON

Dalla notte del 24 febbraio 2022, inizio della guerra in Ucraina, il mondo non è più lo stesso. Nelle terre insanguinate del granaio d'Europa, fonte battesimale della Rus' di Kiev, è stata decretata la morte della globalizzazione, per come è stata vissuta sino a quel momento, e la competizione tra grandi potenze, altresì nota come "guerra fredda 2.0", è entrata in una nuova fase. Il gioco è sempre lo stesso, la lotta per l'egemonia globale, ma le regole sono cambiate e si potrà cogliere la profondità del processo messo in moto soltanto con il tempo.

La guerra in Ucraina sarà ricordata come l'evento spartiacque del XXI secolo: prima fermata e capolinea di una molteplicità di fenomeni, tendenze e relazioni. Prima fermata della rimodulazione della globalizzazione in blocchi e scompartimenti, i cui prodromi erano stati avvertiti durante l'era Trump e la pandemia di Covid-19, che alcuni politologi, come Salvatore Santangelo, ritengono possa essere definita una "non-globalizzazione". Possibile capolinea dei sogni di «autonomia strategica europea» di Emmanuel Macron. E sicuro capolinea del sogno della "Grande Eurasia", cioè di un'Europa estesa da Lisbona a Vladivostok. Dalla notte del 24 febbraio 2022, firmando la dichiarazione di guerra all'Ucraina, Vladimir Putin ha condotto l'umanità, consapevolmente o meno, verso scenari geopolitici completamente nuovi, inesplorati, da *hic sunt dracones*.

La guerra ha gettato il mondo nella confusione, polarizzato l'opinione pubblica di ogni Paese, persino della Federazione Russa, e accentuato ulteriormente il divario tra due blocchi, Occidente e Russia, che da sempre faticano a comprendersi, come dimostra la loro lunga storia a base di conflitti, ma che negli anni dell'era Putin sono diventati completamente sordi l'uno alla voce dell'altro. La guerra in Ucraina è esplosa per una serie di ragioni. Il motivo preminente è senza dubbio la geo-strategia per lo spazio postsovietico formulata da Zbigniew Brzezinski nel vicino eppure lontano 1997; ma, in realtà, da tempo il dialogo aveva lasciato il posto a grida nel deserto e un esercito di «sonnambuli», per citare lo storico Christopher Clark, aveva sostituito politici, diplomatici e statisti. Una guerra (in)evitabile.

La guerra in Ucraina è stata vissuta come un fulmine a ciel sereno: gli analisti geopolitici, nostrani ed esteri, erano convinti che la diplomazia delle cannoniere utilizzata dal Cremlino per aprire un negoziato sulle cosiddette "garanzie di sicurezza" non avrebbe fatto fuoco. Si sbagliavano: i cannoni hanno sparato, trasformando in cenere intere città, come Mariupol, lasciando a terra migliaia di morti e ri-trascinando la Bella addormentata del mondo, l'Europa, nella Storia. E cambio di paradigma è stato.

Il mondo è entrato in una nuova era, si scriveva, e ciò vale tanto per ogni ambito della vita quotidiana, quanto per le relazioni internazionali, inclusa la comunicazione, o meglio: il modo di fare comunicazione, di fare (dis)informazione. La guerra in Ucraina ha svolto un ruolo chiave anche in questo senso, perché stampa, microfoni e telecamere hanno avuto una funzione non meno importante di cecchini, bombardieri e carri armati. La guerra in Ucraina è stata anche una guerra di narrative, di immagini, e sarebbe un grave errore non indagarne a fondo questo aspetto fondamentale. Di questo argomento tratterà il libro: di come la guerra in Ucraina sia stata, per certi versi, qualcosa di unico nel suo genere. Il primo episodio di un tipo di conflitto che, per quanto nuovo, è destinato a diventare la norma: la "guerra mentale", che rappresenta l'evoluzione della guerra psicologica – della quale è il naturale superamento e il perfezionamento definitivo – e l'ultima tappa della guerra cognitiva.

> Noi siamo in gran parte governati da uomini di cui ignoriamo tutto, ma che sono in grado di plasmare la nostra mentalità, orientare i nostri gusti e suggerirci cosa pensare.
>
> EDWARD L. BERNAYS

La prossima e ultima frontiera delle guerre della contemporaneità, le cosiddette guerre ibride – che tali sono perché mescolano elementi convenzionali e non convenzionali –, è il controllo (totale) della mente delle masse. Perché manipolare l'opinione pubblica, ottenendone il favore, equivale a conquistarne il supporto al momento di assumere una decisione, di formulare una politica. Dal supporto delle masse dipende la tenuta del regime, perciò le democrazie liberali hanno creato la stampa e perciò i dittatori, di qualsiasi ideologia, tendono a sviluppare un rapporto di immedesimazione carismatica coi sudditi nella speranza di ingabbiarli in una sindrome di Stoccolma al quadrato.

È la psicologia l'arma migliore di ogni condottiero, guerriero, stratega e governante sin dalla notte dei tempi. Si ha traccia della strumentalizzazione della psicologia a fini di condizionamento mentale sin dal Paleolitico, quando gli antichi solevano dipingersi la faccia e/o sparpagliare carcasse e scheletri nel loro habitat per spaventare i rivali. La utilizzò con maestria il signore di un piccolo regno, Vlad l'Impalatore, per spaventare l'armata del più temibile impero dell'epoca, quello ottomano. Ne comprese le potenzialità al fine del controllo sociale Gustave Le Bon, il teorico della "psicologia delle masse", e tali potenzialità furono poi messe a frutto dal primo *spin doctor*, Edward Bernays, che nel 1954, in Guatemala, co-sceneggiò la prima guerra ibrida della Storia.

La psicologia si usa oggi più che mai, profittando quando dell'inconsapevolezza, quando delle emozioni e quando dell'ignoranza delle masse, perché la trasformazione del mondo in un "villaggio globale", dai confini fluidi e interconnesso 24/7, ha esteso le frontiere e le possibilità della guerra psicologica oltre ogni immaginazione.

La guerra in Ucraina è stata un punto di svolta, uno spartiacque, anche per quanto riguarda le arti belliche. Perché non ha avuto una dimensione psico-cognitiva tradizionale. La classica propaganda di guerra, a base di bufale, suggestione e terrore, è stata affiancata dallo sviluppo di un nuovo genere di operazioni psicologiche (*psyops*), interamente (o forse no) *made in Ukraine*, che ha avuto un effetto dirompente fuori e dentro il teatro bellico.

Il nuovo modo di fare la guerra sviluppato dalla macchina bellica dell'Ucraina è nato dalla curiosa ed efficace combinazione di due scuole di pensiero: l'ingegneria sociale di stampo anglosassone, incardinata sulle teorie di Bernays e storicamente basata sulla produzione e sul confezionamento di accattivanti contenuti simil-pubblicitari, e le misure attive di epoca sovietica, foggiate nell'immediato post-Rivoluzione di Ottobre e tradizionalmente mirate alla diffusione di dissonanza cognitiva[1], oltre che alla lavorazione del consenso.

Utilizzando una terminologia più a portata di mano, meno tecnica, è accaduto che gli psico-strateghi al servizio del presidente ucraino Volodymyr Zelenskij hanno gettato nel medesimo calderone la guerra psico-cognitiva all'americana, che ha come colonna portante il consenso delle masse, e la guerra psico-cognitiva alla russa, fondata sul loro spaesamento, ottenendo quale risultato qualcosa di radicalmente innovativo (e tremendamente pericoloso), destinato a fare scuola negli anni a venire, e cioè la guerra mentale.

È penetrando le menti delle persone che Zelenskij ha saputo persuadere un riluttante Occidente a entrare nella guerra ucrai-

1 Dissonanza cognitiva: concetto introdotto nella psicologia sociale da Leon Festinger con cui si indica la sensazione di profondo spaesamento che caratterizza e travolge un individuo posto davanti a più nozioni, teorie e opinioni in aperta contraddizione tra loro. Le vittime di questa condizione, solitamente, provano a neutralizzare il disagio rintanandosi in campane di vetro. In altri casi, invece, la dissonanza può condurre al sovraccarico cognitivo, che può essere definito un "blackout del pensiero", cioè un'incapacità temporanea di prendere decisioni.

na in qualità di co-belligerante informale, tra sanzioni economico-finanziarie alla Russia senza precedenti storici e invio di armamenti e mercenari. È penetrando le menti dei suoi concittadini che Zelenskij, impopolare e in caduta libera nei sondaggi sino all'alba del conflitto, ha dato vita a una resistenza civile di proporzioni tanto vaste da riuscire a sabotare i piani del Cremlino, rallentandone l'avanzata ed evitando un rovesciamento chiesto a gran voce, pubblicamente, da Vladimir Putin.

È toccando, entrando e inoltrandosi nei meandri delle menti delle masse che Zelenskij è diventato il primo «leader online in tempo di guerra» della Storia. I social network, anziché i bunker, come rifugio. I messaggi preregistrati e le visite a sorpresa in ospedali e trincee per rassicurare la popolazione. L'abbigliamento studiato per creare un rapporto di immedesimazione con la gente comune. I tour virtuali nei parlamenti occidentali, recitando un copione di volta in volta modificato, per suscitare un senso di identificazione tra gli ucraini e il Paese di riferimento e per ottenere, cosa più importante, supporto militare, politico e diplomatico. Video propagandistici dal carattere pubblicitario, quasi turistico, per fare presa sulle opinioni pubbliche occidentali. E, a fare da sfondo, le solite tattiche e tecniche della propaganda classica: allarmismo, bufale, demonizzazione del nemico, disinformazione, distruzione della reputazione, linguaggio emotivo, falso consenso[2] e operazioni sotto falsa bandiera.

2 Il falso consenso, o *astroturfing*, è una tecnica della propaganda politica, mutuata dal neuromarketing, che consiste nella realizzazione di sondaggi d'opinione fasulli ma verosimili. L'obiettivo è quello di convincere un elettorato, o un'opinione pubblica, che un'idea o una convinzione abbiano una diffusione più elevata (o più bassa) rispetto alla realtà dei fatti. La speranza-aspettativa è che l'alterazione porti

I posteri guarderanno alla guerra in Ucraina come al più grande evento geopolitico di questa parte di XXI secolo, come a uno spartiacque che segna un "prima" e un "dopo". Esisteranno un prima e un dopo Ucraina a livello di relazioni internazionali. Esisteranno un prima e un dopo Ucraina per la globalizzazione. Ed esisteranno un prima e un dopo Ucraina per quanto riguarda l'ingegneria del consenso, ossia il controllo delle masse, che dal 24 febbraio 2022 sarà sempre più pervasiva, esasperante, tagliente e, perciò, pericolosa. Insieme, in questo libro, capiremo perché nulla sarà mai più come prima e capirete anche come proteggervi dalla nuova era che si affaccia all'orizzonte. L'era delle guerre mentali.

all'effettiva popolarizzazione dell'oggetto in questione, anche se appoggiato da un'esigua minoranza, attraverso dibattiti e altre iniziative da inaugurare dopo l'indagine fittizia.

1. ZELENSKIJ PRIMA DI ZELENSKIJ

Se qualcosa si può scrivere e dire di Volodymyr Zelenskij, senza cadere nell'errore dell'agiografia, è che è stato una fonte di sorprese e stupore da prima che scoppiasse la guerra in Ucraina. Dissacrando i tabù nazionali era diventato il comico più irriverente e seguito dell'Ucraina a cavallo tra gli anni Novanta e i Duemila. Interpretando un onesto ma goffo professore, diventato presidente per una serie di circostanze fortuite, aveva intrattenuto gli ucraini, facendoli sorridere e al tempo stesso riflettere sullo stato di salute precario della giovane repubblica. Tastando i sentimenti dell'opinione pubblica aveva deciso di candidarsi alla presidenza. E vincendo, o meglio stravincendo in quanto eletto con il voto di sette elettori su dieci, aveva fatto la Storia. Il comico che aveva interpretato una persona comune eletta alla presidenza era diventato effettivamente presidente. Un *unicum* nella storia dell'Ucraina e del mondo.

In un certo senso, conosciuta la vicenda di Zelenskij e la sua propensione a stupire le folle, era lecito attendersi da lui sorprese allo scoppio della guerra in Ucraina. E, in effetti, è riuscito a stupire tutti scegliendo di non fuggire all'estero, nonostante le offerte ricevute dai partner occidentali e le chiamate al golpe provenienti da Putin, ma di rimanere in patria a combattere coi connazionali. Lui, figura di speranza che nell'anteguerra stava vivendo una grave crisi di consenso per via delle numerose promesse tradite, restando e battendosi in prima persona ha riacquistato la popolarità perduta ed è riuscito a ottenere molto di più. È diventato il primo «leader online in tempo di guerra»: internet e i social network, in particolare Instagram, come rifugio dal quale coordinare la battaglia sul campo e la diplomazia nel mondo. È diventato l'uomo che, guidando l'Ucraina durante lo sfacelo, *ha fatto gli ucraini*, dotandoli definitivamente di un'identità nazionale propria e distinta da quella dello scomodo vicino, la Russia. Ed è diventato, tra una diretta e l'altra, l'improbabile padrino di questa guerra mentale, di cui il mondo intero ha potuto saggiare le straordinarie potenzialità assistendo all'arrivo in Ucraina di migliaia di combattenti volontari da ogni dove, alla nascita di una tenace e determinante resistenza civile e alla conversione dell'Occidente da testimone esitante a co-belligerante affiatato.

Per capire come Zelenskij sia riuscito a sorprendere un veterano della guerra fredda come Putin, sabotandone l'agenda per l'Ucraina e trasformando un'operazione sicura in un pantano, è necessario cominciare dal principio. Questo è, infatti, l'unico modo per confutare stereotipi e preconcetti che ruotano attorno alla sua sottovalutata, e spesso derisa, figura. Perché se tutto è più o meno noto della rotta che lo ha traghettato dall'intrattenimento alla politica, la nebbia avvolge tutto ciò che è successo prima che Zelenskij diventasse

Zelenskij e impedisce di catturare la complessità e la straordinarietà dei fenomeni da lui inaugurati: il cine-populismo e le guerre mentali.

Il comico

«La matematica, fanculo, è la regina di tutto! Si fa tutto per la matematica, mentre la Storia non serve a un cazzo, come dici tu. E poi ci stupiamo del perché ogni volta che i nostri politici salgono al potere fanno sempre gli stessi errori: perché sono solo dei cazzo di matematici che sanno solo togliere, dividere e moltiplicare per se stessi. [...] Sai perché facciamo una vita da cani? Perché noi la nostra scelta la facciamo nelle cabine elettorali, capito? Ma non abbiamo tra chi scegliere: se ci sono due merde, noi scegliamo solo la meno peggio. Ed è così da venticinque anni, cazzo. E vuoi sapere qualcosa? Non cambierà neanche questa volta, e sai perché? Perché tu, mio padre, io sceglieremo una di queste merde di nuovo e diremo: "Sì, è vero, in effetti è una merda anche lui ma, forse, un po' meno". Degli stronzi di merda vanno al potere, merde che parlano, cazzo, merde che rubano, stronzi che rubano senza vergogna e noi che facciamo? Ce ne fottiamo. Solo per le piccole cose ci muoviamo, ma quando la stronzata è grossa chi cazzo se ne fotte allora. Ci mandassero me lì per

> una settimana, gliela farei vedere io a quei figli di puttana. I privilegi? Fanculo. Le macchine di servizio? Fanculo. Le ville? Fanculo. Dovrebbe farlo, cazzo, un professore di Storia il presidente. E il presidente, cazzo, dovrebbe fare il professore. E te lo dice un professore... di Storia!». L'epico sfogo in *Servant of the People* del professor Vasilij Petrovyč, interpretato da Zelenskij, che lo catapulterà alla presidenza dell'Ucraina.

Volodymyr Oleksandrovyč Zelens'kyj, italianizzato in Zelenskij, nasce in quel di Kryvyj Rih il 25 gennaio 1978. Di origini ebraiche, e di estrazione sociale medioalta – per gli standard sovietici –, Zelenskij nasce da Oleksandr, un professore di Informatica, e da Rymma, un'ingegnera. L'importanza di risalire alle origini emerge in poche righe: se Zelenskij è un maestro nell'arte della propaganda mediatica è perché, forse, ha avuto due ottimi insegnanti sin dalla tenera età. Una storia che ricorda, per certi versi, quella di Edward Bernays, il padre dell'ingegneria del consenso e l'inventore delle relazioni pubbliche, che diventò un adulto capace di manipolare la mente delle masse perché da bambino era stato il nipote (preferito) di uno zio speciale, il fondatore della psicanalisi Sigmund Freud.

Estroverso, a suo agio sia con la tecnologia sia con le folle, Zelenskij cresce con due passioni: internet e la comicità. A fare da sfondo, gli studi giurisprudenziali all'università, terminati con successo nel 2000 e intrapresi più per compiacere i genitori che per reale vocazione. La scelta di dedicare tutto alla comicità, cioè tempo e denaro, si sarebbe rivelata vincente e incredibilmente formativa. Nei cabaret, dove comincia a esibirsi durante l'adolescenza, apprende a sciogliersi. A soli diciannove anni, cioè nel 1997, riceve il primo premio per le sue qualità artistiche. E l'anno successivo fonda un proprio gruppo comico, i Kvartal 95, del quale resterà il capo indiscusso fino all'approdo sul piccolo e grande schermo e con il quale otterrà la consacrazione ad artista completo – attore, ballerino, cantante, commediante – più celebre dell'Ucraina e tra i più seguiti dello spazio postsovietico.

Il salto di Zelenskij dal palcoscenico di teatri e cabaret agli studi televisivi avviene proprio grazie ai Kvartal 95, che nel 2003 si trasformano in un'influente compagnia di produzione espandendosi di canale in canale, da 1+1 a Inter[3]. La critica è concorde all'unanimità sul successo del fenomeno Kvartal 95: il merito è del carisma, dell'irriverenza e della vulcanicità del fondatore. Una volta davanti alle telecamere che contano, non a caso, sarà proprio Zelenskij a ricevere le prime proposte lavorative come attore per medie e grandi produzioni.

Nel 2008, con l'apparizione nel lungometraggio di successo *Love in the Big City*, per Zelenskij ha inizio un decennio di presenza mediatica, in qualità di attore per il piccolo e il grande schermo, letteralmente ininterrotta, continuativa, caratterizzata dall'uscita di quasi un titolo all'anno. Nel corso di questi dieci anni, sullo sfondo della recitazione, Zelenskij inizierà a mostrare con maggiore disinvoltura il suo lato patriottico, impegnandosi nel sociale, raccogliendo denaro per indigenti ed esercito e aumentando il contenuto politico dei propri sermoni umoristici, che lo rendono un comico anti-casta.

3 Inter e 1+1 sono rispettivamente il primo e il secondo canale televisivo più seguito dell'Ucraina.

Nel 2014, anno chiave della storia recente dell'Ucraina e del mondo intero, Zelenskij è tra i sostenitori dei moti europeisti contro la presidenza Janukovyč. Appartenente al fronte dei moderati, cioè dei contrari all'insediamento di un clima maccartistico nell'Ucraina postrivoluzionaria, Zelenskij si batte affinché la "caccia al russo", come persona e come lingua, del neoeletto Petro Porošenko non si estenda ai mondi della cultura e dell'arte visiva. Una scelta coerente: lo stesso Zelenskij, dai tempi dei Kvartal 95 all'approdo sul piccolo e grande schermo – persino in *Servant of the People* –, aveva recitato più in russo che in ucraino. Una scelta rischiosa: trasforma Zelenskij, personaggio pubblico di un certo peso ed estremamente popolare, nell'insospettabile arcinemico dell'oligarca-eletto-presidente Porošenko.

Il momento della svolta, l'evento fondamentale della carriera, giunge nel 2015, con la distribuzione della prima di tre stagioni della serie televisiva *Слуга народу*, internazionalmente conosciuta come *Servant of the People*, cioè 'Servitore del popolo'. La trama di questo prodotto, un successo indiscusso di pubblico che ha cominciato a essere esportato nel resto del mondo all'indomani dello scoppio della guerra in Ucraina, è nota: Zelenskij interpreta un professore, Vasilij Petrovyč Goloborodko, che per una serie di circostanze fortuite si ritrova catapultato alla presidenza della nazione. Il successo della serie televisiva era stato ampiamente pronosticato, viste le tematiche trattate – i difetti della società ucraina e i tanti mali dell'Ucraina post-Euromaidan[4] –, il taglio scelto – comi-

4 Euromaidan è il nome con il quale si fa riferimento all'insieme di eventi che tra il 2013 e il 2014 hanno portato alla caduta della presidenza Janukovyč, traghettando l'Ucraina nella sfera di influenza euro-

cità dissacrante e umorismo intelligente – e il cast d'eccezione – da Zelenskij a Yevhen Kochovy –, ma nessuno si sarebbe mai aspettato che un'opera di finzione potesse ispirare la realtà, plasmandola a propria immagine e somiglianza.

Vittima di una crescente pressione – emblematizzata dalla censura di alcuni suoi film per opera del ministero della Cultura – e galvanizzato dall'aumento di popolarità, sintomo di un effettivo e diffuso malessere tra la gente comune, Zelenskij avrebbe infine deciso di competere all'attesissima corsa presidenziale del 2019 contro l'acerrimo rivale, l'uscente (e impopolare) Porošenko.

Come e perché, nonostante il macigno dell'inesperienza politica e il grande ostacolo della cricca oligarchica in combutta con Porošenko, Zelenskij abbia ritenuto realistica la sua candidatura è poco noto ma meritevole di approfondimento, perché in linea con lo scopo di quest'opera. La rete, che il comico frequentava più della realtà, invocava un cambiamento. In quella rete ignorata da Porošenko, e mal gestita anche dagli altri papabili per svariate ragioni – dalla mera trascuratezza all'incapacità dovuta all'età –, Zelenskij aveva intravisto una possibilità, aveva intuito il potenziale (e le dimensioni) del malcontento popolare e aveva scoperto di essere diventato, un po' per tutti, l'idealista arrabbiato Petrovyč.

Internauta con residenza fissa su Instagram e decifratore di algoritmi, Zelenskij ha compreso stando in rete qualcosa

americana e ponendo fine all'egemonia russa su di essa. Il Cremlino, che ha sempre reputato Euromaidan un colpo di stato orchestrato dall'Occidente, ha reagito annettendo la Crimea e dando inizio a una guerra a medio-bassa intensità in una parte dell'Ucraina orientale, il cosiddetto Donbas.

che è sfuggito a Porošenko e agli altri politici tradizionali, quelli delle piazze gremite di spettatori pagati e dei volantini distribuiti a vuoto. Ha compreso quanto fosse esteso il malcontento popolare, risultato della corruzione galoppante, dell'economia stagnante e del proseguimento della guerra nel Donbas, e quale ruolo abbia giocato la sua serie televisiva in questo contesto, nell'innesco di un certo fermento antisistema. Lo ha compreso parlando regolarmente coi propri seguaci su Instagram e ascoltando cosa hanno da dire gli algoritmi di Facebook e Google, e perciò ha deciso di gettarsi a capofitto nella competizione elettorale. Lo ha fatto mantenendo fede al personaggio costruito negli anni, ossia con stile e teatralità, comunicando la sua discesa in campo la sera del 31 dicembre 2018, sul canale 1+1, in concomitanza con il discorso di fine anno di Porošenko. *Ça va sans dire* che, quella sera, è stato il canale 1+1 il più seguito dai telespettatori.

Il cine-populista

> Ciò che è molto importante per me è che quando non sarò più presidente dell'Ucraina potrò ancora camminare a testa alta per le strade non solo di Kiev, ma di tutta l'Ucraina[5].
>
> VOLODYMYR ZELENSKIJ

Servant of the People, ossia 'Servitore del popolo', è il titolo della serie televisiva che ha segnato la carriera di Zelenskij ed è anche il nome di un partito politico registrato dallo studio Kvartal 95 a fine 2017[6]. Se nel corso del 2018 l'allora attore e comico negava di essere coinvolto nel partito, con l'avvicinarsi della fine dell'anno ha adottato un atteggiamento basato sull'"ambiguità strategica" con il duplice obiettivo di confondere le acque e preparare un dinamitardo effetto sorpresa. Che avesse intenzione di candidarsi seriamente o meno, comunque, non aveva importanza: il suo nome figurava già nei sondaggi tra i papabili che gli ucraini avrebbero votato. A metà ottobre, secondo uno studio dell'Istituto internazionale di sociologia di Kiev, da Sotsis e dal Centro Razumkov, Zelen-

5 Cristiano Tassinari, *Euronews intervista Zelensky, presidente dell'Ucraina: Donbass, Crimea, UE, Trump, Lukashenko…*, «euronews», 26 agosto 2020.

6 *Юрист Зеленського зареєстрував нову політичну партію* Слуга народу, «Unian», 3 dicembre 2017.

skij risultava al terzo posto, dietro Julija Tymošenko (12,9%) e Porošenko (8,4%), con il 7,9% delle preferenze[7].

Dopo mesi di indiscrezioni, e di presenza in cima ai sondaggi in assenza di campagna elettorale, Zelenskij ha scelto una data simbolica, il 31 dicembre, e una maniera plateale, l'annuncio in diretta televisiva in contemporanea col discorso di capodanno di Porošenko, per annunciare la rumoreggiata discesa in campo. Era il preludio di una campagna elettorale *sui generis*, giocata in offensiva e del tutto innovativa per il panorama ucraino, e, per estensione, mondiale: ampio ricorso ai social network, spettacoli comici in luogo di comizi, rifiuto di interviste lunghe e dettagliate con i giornalisti, assenza di dibattiti e di raduni tradizionali, forte retorica antisistema e, soprattutto, tanta satira e tanti autoscatti (selfie) coi potenziali elettori. *Sui generis* ma coerente: Zelenskij aveva promesso la creazione di uno stato-smartphone e avrebbe cominciato dal principio, dando l'esempio, realizzando una campagna elettorale a portata di clic.

Anziché circondarsi di *spin doctors*, ossia di esperti di comunicazione politica, Zelenskij ha preferito affidarsi al proprio gruppo-diventato-studio, i Kvartal 95, realizzando un tour nazionale, in larga parte virtuale, a base di comizi eterodossi, cioè concepiti come concerti e spettacoli da cabaret dove gli argomenti caldi del momento venivano affrontati sotto forma di sketch. La *stand-up comedy* come modello. I social network, da YouTube a Facebook, al posto delle piazze. Dirette, videomessaggi e videoclip per comunicare con l'elettorato: solo nel profilo Instagram, per dare qualche numero, era seguito da

7 Mykola Vorobiov, *How Ukraine's Presidential Race Is Shaping Up*, Atlantic Council, 29 ottobre 2018.

2,7 milioni di persone nel febbraio 2019[8]. La satira dissacrante sempre e comunque. I migliori strumenti della retorica populistica come arma: creazione di un nuovo stato – "a portata di clic", digitale, giovane, *smart* –, lotta alla corruzione, promesse di rinascita nazionale, riforma delle istituzioni, smantellamento dei privilegi e svecchiamento della classe politica.

Zelenskij non aveva una vera e propria piattaforma ideologica, perché Servitore del popolo era una creatura informe, un calderone eterogeneo simile al Movimento 5 Stelle degli esordi, ma aveva la lingua tagliente, una vena umoristica trascinante e l'appoggio mediatico necessario a diffondere il proprio messaggio di "ribellione al sistema" da parte a parte del Paese: i social network, maneggiati con destrezza e utilizzati per raggiungere i più giovani, e il seguitissimo canale 1+1 di Ihor Kolomojs'kyj – nemico giurato di Porošenko, "oligarca" con le mani in pasta ovunque, finanche nella guerra del Donbas, e stabilmente nella top tre dei più ricchi d'Ucraina[9].

Quello di Zelenskij è stato populismo allo stato puro, per forma e per contenuto, ma di un nuovo genere, destinato a fare scuola e a diventare la norma, plasmato da elementi cinematografici e televisivi, sostanzialmente virtuale e altamente scenografico. Un genere che si potrebbe chiamare "cine-populismo", dove la realtà viene e/o può essere trattata come se fosse una sitcom e dove ogni problema può essere tradotto in barzelletta. Un populismo banale, leggero, eppure efficace – perché diretto alle pance affamate di cervelli affaticati, travia-

8 Christopher Miller, *Crowdsourcer in Chief: Ukrainian Funnyman Takes Unorthodox Path to Top of Presidential Pack*, RFERL, 28 febbraio 2019.
9 *Profile: Who are Ukraine's far-right Azov regiment?*, «Aljazeera», 1 marzo 2022; *Profile: Ihor Kolomoyskyy*, «Bloomberg».

ti e stremati dai processi di decadimento cognitivo tipici della società di massa[10]. Qualcosa di già visto negli Stati Uniti nel 2016 – sebbene in forma diversa e su scala ridotta –, ai tempi dello scontro tra l'*outsider* Donald Trump e la veterana Hillary Clinton, e che, anche in quel caso, aveva avuto un esito inaspettato. La rivincita delle folle irrazionali ma prevedibili di Le Bon: stregate non dal contenuto del discorso, ma dall'aspetto datogli, dalle parole utilizzate.

> L'attore e novizio politico ha adottato i valori e la piattaforma del suo personaggio immaginario, conducendo ad uno dei colpi di scena più insoliti della politica nell'era della post-verità[11].
>
> CODA MEDIA

L'elettorato era stato stregato dal Servitore del popolo, voleva credere che potesse esistere realmente un uomo privo di macchie come il professor Petrovyč, e Zelenskij, avendone piena consapevolezza, ha continuato a recitare quella parte. La quarta stagione non è mai andata in onda, perché è stata trasposta direttamente nella realtà quotidiana: nel-

10 Sebbene gli abitanti delle società avanzate presentino un quoziente intellettivo medio tendenzialmente più elevato che nel resto del mondo, una molteplicità di studi concorda sul fatto che da diversi decenni stia diminuendo a causa degli effetti perversi del progresso tecnologico e di stili di vita insalubri, in aggiunta al ruolo giocato dall'eccessivo utilizzo di dispositivi mobili e social network, dal declino qualitativo dell'istruzione pubblica e da altri fattori.

11 Veronika Melkozerova, Servant of the People*'s leaders Ukraine's presidential race*, «CodaStory», 4 marzo 2019.

le piazze, nei social network, su canale 1+1. Un successo, come le precedenti, in termini di ascolti: video postati su YouTube capaci di fare 14 milioni di visualizzazioni in breve tempo[12]; il 7,9% di preferenze dell'ottobre 2018 diventato il 25,1% delle intenzioni di voto a pochi giorni dall'apertura delle urne nel marzo 2019[13].

Il 31 marzo, come da pronostico, Zelenskij ha terminato la gara elettorale in prima posizione, con il 30,24% delle preferenze, seguito da Porošenko, con il 15,95%. Un distacco eloquente, indicativo dello straordinario successo della prima campagna elettorale online e satirica della Storia, che il comico avrebbe ripetuto meno di un mese dopo, il 21 aprile, in sede di ballottaggio.

Alla squadra dell'aspirante presidente, contrariamente alle aspettative di uno *spin doctor* tradizionale, non è stato dato il compito di prevedere le possibili indicazioni di voto che i candidati usciti dalla gara avrebbero dato al loro elettorato. Zelenskij era dell'idea che buona parte dei candidati avrebbe cercato di sostenere Porošenko, in quanto "elemento del sistema", perciò la parola d'ordine, per tre settimane, è stata "caccia all'algoritmo" e, dunque, al voto di *tutti*. La dittatura degli algoritmi esigeva di cambiare argomento di frequente, a volte toccandone più di uno simultaneamente e altre volte chiedendo di accordare più posizioni contrastanti. Un giorno l'economia. Il giorno dopo la corruzione. L'altro ancora la guerra nel Donbas e le relazioni con l'Unione Europea. Il "populismo degli algoritmi" all'ennesima

12 Adrian Karatnycky, *The World Just Witnessed the First Entirely Virtual Presidential Campaign*, «Politico», 24 aprile 2019.
13 Ibidem.

potenza, il "tecno-populismo" elevato a un nuovo livello, la "Bestia" di Matteo Salvini ingigantita e perfezionata, perché svuotata di sensazionalismo fine a se stesso e riempita delle migliori armi della comunicazione persuasiva: dalla distruzione della reputazione dell'avversario per mezzo di insinuazioni e scheletri nell'armadio, all'uso di slogan orecchiabili, emotivamente incisivi e facilmente memorizzabili. In una parola sola: cine-populismo.

La strategia della caccia all'algoritmo, almeno secondo le ricerche pre-ballottaggio, avrebbe premiato con certezza, più che con elevata probabilità, Zelenskij. Il 18, a tre giorni dal fatidico voto, l'ente di sondaggistica Rating Group assegnava al commediante il 51,8% delle intenzioni di voto e a Porošenko un magro 19%[14]. Numeri credibili perché in linea con una tendenza verso l'alto registrata sin dalla chiusura del primo turno.

Rassicurato dai numeri, a loro volta corroborati dai dati sull'interazione tra Zelenskij e i seguaci sui social network, l'aspirante presidente avrebbe infine accettato di prestarsi all'atteso faccia a faccia con Porošenko. L'ultimo dibattito delle presidenziali – che per Zelenskij è stato il primo – ha avuto luogo presso lo Stadio olimpico di Kiev e si è rivelato una batosta per Porošenko, testimone riluttante di un estraniante show all'americana, simile alle conferenze tra pugili nel pre-incontro. Il confronto ha permesso a Zelenskij, loquace, abituato a esibirsi – i dibattiti sono esibizioni – e sempre sull'offensiva, di vincere la sfida più importante del pre-ele-

14 *Моніторинг електоральних настроїв українців (12-16 квітня 2019)*, Rating Group, 18 aprile 2019.

zioni[15]. Le urne avrebbero rapidamente confermato il giudizio a caldo dei telespettatori: Zelenskij, tra strumentalizzazione degli algoritmi e populismo cinematografico e umoristico, era riuscito a convertire il precedente 30,24% nello storico 73,22% – un record nella storia dell'Ucraina indipendente.

> Per tutta la vita ho cercato di fare il massimo per far ridere gli ucraini. Quella era la missione. Ora, farò tutto il possibile affinché gli ucraini non piangano più[16].
>
> VOLODYMYR ZELENSKIJ,
> DISCORSO DI INAUGURAZIONE PRESIDENZIALE

15 *Зеленський vs Порошенко: дебати на стадіоні та в студії Суспільного*, «hromadske», 19 aprile 2019.
16 *Volodymyr Zelenskyy's Inaugural Address*, Presidency of Ukraine, 20 maggio 2019.

2. ALLA PROVA DELLA STORIA

Io non sono iconico, l'Ucraina è iconica[17].

VOLODYMYR ZELENSKIJ, 1 MARZO 2022

Zelenskij, l'artista completo che tra battute, balletti, comizi sotto forma di esibizioni da cabaret e dibattiti come incontri di pugilato era diventato il candidato alla presidenza più votato della storia dell'Ucraina indipendente, scelto da ben sette ucraini su dieci e da ventitré oblast su ventiquattro[18], all'alba della guerra, lo si creda o meno, era prossimo a essere superato da Porošenko nelle intenzioni di voto. Nessuno aveva mai ricevuto così tanti voti e provocato più rimorsi tra gli elettori.

Nel 2019 era stato intronizzato come l'uomo della speranza, della salvazione, ma nel 2021 aveva perso ogni presa sulla popolazione ed era in caduta libera nei sondaggi effettuati da ogni centro di ricerca del Paese. L'elettorato ne era certo: non era colpa del potere oligarchico e dei sabotatori del Cremli-

17 Matthew Chance, *Zelensky urges Biden to send strong message on Russia and says: «I'm not iconic. Ukraine is iconic»*, «CNN», 1 marzo 2022.
18 L'oblast è un tipo di suddivisione territoriale caratteristico dello spazio postsovietico e di alcune realtà postcomuniste, come la Serbia, e corrisponde grosso modo al concetto di regione dell'Italia.

no se Zelenskij aveva mancato molte delle promesse fatte tre anni prima. Il presidente, del resto, aveva il controllo totale del processo esecutivo-legislativo, avendo ottenuto la maggioranza nel Parlamento pochi mesi dopo l'insediamento al Marinskij[19], perciò la risposta non poteva che essere una: lui era esattamente come chi lo aveva preceduto, se non peggio.

Allo scoppio della guerra in Ucraina, molti analisti erano convinti che Zelenskij, malvisto dalla maggioranza della popolazione, e persino invitato da alcuni deputati a dimettersi[20], avrebbe seguito le orme di Svetlana Tikhanovskaya e di Ashraf Ghani optando per la fuga all'estero: l'oblio nel peggiore dei casi, l'avviamento di un governo in esilio nel migliore. L'opportunità di trovare un riparo nel più sicuro Occidente e da lì coordinare una resistenza a distanza, del resto, l'aveva ricevuta anzitempo dall'amministrazione Biden[21]. Ma non è andata così: non è scappato. È rimasto. E rimanendo, rispolverando quella comunicazione persuasiva che gli era valsa la presidenza, è effettivamente riuscito laddove aveva fallito nei tre anni precedenti: farsi simbolo di speranza e cambiamento.

Messo alla prova della Storia, l'ha superata a pieni voti: mentre Putin disfaceva l'Ucraina, Zelenskij faceva gli ucraini – per dirla alla Massimo d'Azeglio. E mentre Putin riportava

19 Marinskij è il nome del complesso monumentale di epoca zarista, firmato dall'architetto italiano Bartolomeo Rastrelli, che dagli anni Novanta è la residenza ufficiale a scopo cerimoniale del presidente ucraino.
20 *Ukrainian MP: Zelensky must resign and start negotiations with Russia*, «The Limited Times», 25 febbraio 2022.
21 Sharon Braithwaite, *Zelensky refuses US offer to evacuate, saying «I need ammunition, not a ride»*, «CNN», 26 febbraio 2022.

le guerre all'età di Carl von Clausewitz, Zelenskij le proiettava verso il futuro.

Il presidente

> Dopo la mia vittoria alle elezioni, mio figlio di sei anni ha detto: «Papà, dicono in televisione che Zelenskij è il presidente. Significa che sono presidente anche io?». Lì per lì era divertente, ma dopo ho realizzato che era vero. Perché ognuno di noi è il Presidente[22].
>
> VOLODYMYR ZELENSKIJ,
> DISCORSO DI INAUGURAZIONE PRESIDENZIALE

All'alba della guerra in Ucraina, stando alle analisi di opinione di vari centri indipendenti, l'indice di approvazione di Zelenskij era ai minimi storici. A inizio febbraio, «poco prima che scoppiasse il conflitto, secondo un sondaggio dell'Istituto internazionale di sociologia di Kiev, soltanto il 30% della popolazione approvava il suo operato e il 23% si diceva disposto a rivotarlo». Soltanto alcuni mesi prima, nel giugno 2021, «il tasso di approvazione era al 34%»[23]. Numeri da caduta libera, in linea con una tendenza discendente emersa sin dall'immediato post-insediamento al Marinskij, dovuti a un motivo molto semplice: promesse tradite.

Nonostante il controllo totale, *de facto*, dei processi esecutivo e legislativo, ottenuto con il 44% dei suffragi magnetizzati dal Servitore del popolo alle parlamentari anticipate del luglio 2019, Zelenskij non aveva portato a compimento molte delle promesse fatte all'elettorato, lasciando l'economia boc-

22 *Volodymyr Zelenskyy's Inaugural Address*, cit.
23 Emanuel Pietrobon, *Luci e ombre di Volodymyr Zelenskij*, «Il nuovo baracchino», 21 marzo 2022.

cheggiante, il potere oligarchico preservato e la questione del Donbas irrisolta. Ecco la ragione della sua impopolarità: l'uomo della speranza si era rivelato un'illusione, l'apportatore di cambiamento si era mostrato uguale ai predecessori e, talvolta, persino più illiberale di loro.

A eccezione dello svecchiamento della classe politica – emblematizzato dalla nomina di nuovi volti come Oleksij Hončaruk (classe 1984) e Mychajlo Fedorov (classe 1991) –, accompagnato dal suo traghettamento nel terzo millennio – simboleggiato dalla creazione del ministero della Trasformazione digitale nel 2019 –, Zelenskij non era riuscito a risollevare l'economia nazionale, già danneggiata dallo scoppio della pandemia, che aveva fatto cadere il prodotto interno lordo del 4,4% nel 2020[24], e aveva condotto una "guerra agli oligarchi" a metà e, peraltro, in ritardo.

L'opinione pubblica aveva accolto con freddezza la cosiddetta "de-oligarchizzazione" per due ragioni: la prima è che era stata parziale, avendo preso di mira una manciata di magnati presumibilmente legati al Cremlino e ignorato tutti quelli vicini al Marinskij, e la seconda è che era stata avviata con colpevole ritardo, nel 2021, soltanto in seguito al drastico calo di popolarità certificato dai sondaggi. Loquacità, populismo umoristico e comunicazione persuasiva, a un certo punto, erano diventati insufficienti: gli ucraini si erano accorti che, delle decine di oligarchi presenti nella nazione, Zelenskij era più che altro interessato a Viktor Medvedchuk, rivale in affari dell'amico Kolomojskij e antagonista del Servitore del popolo in quanto leader della Piattaforma

24 *Ukraine's GDP fell by 4.4 pct in 2020: Ukrainian national bank*, «Xinhua News», 22 gennaio 2022.

per la vita – la seconda forza politica alle parlamentari del 2019, con il 13,05% delle preferenze. Medvedchuk, legato a doppio filo a Vladimir Putin – che è padrino di sua figlia –, nel corso del 2021 aveva assistito alla chiusura di tre canali televisivi ritenuti a lui riconducibili ed era stato posto agli arresti domiciliari nell'ambito di un'indagine per alto tradimento e altri reati[25].

La crociata contro Medvedchuk e l'assenza di miglioramenti tangibili, oltre allo stallo del percorso verso l'Unione Europea e all'aggravamento delle tensioni interetniche provocato dalla legge sulle lingue regionali – fonte di discordia non solo coi russi, ma anche con magiari e rumeni e criticata dalle principali organizzazioni non governative occidentali[26] –, avrebbero mostrato i propri frutti (avvelenati) con lo scorrere del tempo. Zelenskij, indicato come «la più grande delusione del 2020» dal 42% degli ucraini – nel 2019, invece, era stato ritenuto «il politico dell'anno» da quasi un ucraino su due[27]. L'indice di approvazione era calato di quasi dieci punti percentuali a fine 2021: dal 33,3% di settembre al 24,7% di ottobre[28]. E in novembre, infine, la pubblicazione di un sondaggio choc del prestigioso Centro Razumkov, ricevuto con profondo malessere da presidenza ed esecutivo: «governo non

25 *Arresti domiciliari per Viktor Medvedchuk: quali sono le accuse e quali le prospettive del processo?*, Ukraine Crisis Media Center, 16 giugno 2021.
26 Rachel Denber, *New Language Requirement Raises Concerns in Ukraine*, Human Rights Watch, 19 gennaio 2022.
27 *Four-in-ten Ukrainians say President Zelenskyi is the disappointment of 2020 – survey*, Ukraine Crisis Media Center, 18 dicembre 2020.
28 Mikhail Minakov, *Just Like All the Others: The End of the Zelensky Alternative?*, Wilson Center, 2 novembre 2021.

significativamente diverso dal precedente» per il 40,1% degli ucraini, «governo peggiore del precedente» per il 36,2%, «governo migliore del precedente» per un risibile 20,1%. A fare da cornice, la straordinaria rimonta di Porošenko, che in un ballottaggio con Zelenskij avrebbe avuto concrete possibilità di vincere, dato il distacco ormai trascurabile[29].

La caduta libera di Zelenskij ha avuto fine quando Putin ha dato ordine ai carri armati di muovere verso l'Ucraina. Perché scegliendo inaspettatamente di rimanere in patria, sebbene il Cremlino si aspettasse una fuga alla Tikhanovskaya o una capitolazione alla Ghani, Zelenskij è riuscito laddove aveva fallito nei tre anni precedenti – essere un simbolo di speranza e cambiamento – e a fare persino molto di più, assumendo la forma della classica "variabile impazzita" in grado di rendere reale lo statisticamente improbabile e di scardinare ogni paradigma. In questo caso, la variabile impazzita, il fattore Zelenskij, è stata fondamentale per determinare la nascita di una resistenza civile di vaste proporzioni, che ha trascinato l'esercito russo in una guerra urbana, irregolare, semisimmetrica e di logoramento, e per persuadere un esitante Occidente ad appoggiare con armi, sanzioni e combattenti la causa ucraina.

Il cine-populismo in pillole

> La politica è come il cinema di cattiva qualità: la gente esagera nel recitare, si spinge troppo oltre. Quando parlo coi politici, vedo questo nelle loro

29 *Електоральні орієнтації громадян України та їх ставлення до резонансних подій останнього часу (жовтень 2021р.)*, Centro Razumkov, 1 novembre 2021.

> espressioni facciali, nei loro occhi e nel modo in cui li strizzano. Osservo le cose come se fossi un produttore. Se guardassi la scena da dietro il monitor, spesso, insieme al regista griderei: «Fermati, basta, è inguardabile! Nessuno ci crederà»[30].
>
> VOLODYMYR ZELENSKIJ

Zelenskij ha vinto le elezioni presidenziali del 2019 perché, oltre a saper strumentalizzare a proprio vantaggio l'esteso malcontento presente nel Paese, ha applicato le leggi della recitazione alla politica. Artista completo, Zelenskij aveva – e ha – l'oratoria dei politici e delle doti, spesso, a loro mancanti: senso dell'umorismo e capacità di improvvisazione. È un uomo abituato ad agire secondo copione, ma anche a inventarne uno in caso di necessità – e questo è il motivo per cui, allo scoppio della guerra in Ucraina, si è rivelato fonte di grandi sorprese.

È sbagliato definire Zelenskij un tecno-populista, cioè un politico meramente avvezzo a social network e nuovi media, perché la competizione elettorale e gli anni della presidenza, incluso il paragrafo della guerra, hanno (di)mostrato come sia stato un radicale innovatore del modo di fare politica. Scrivere dei cambiamenti apportati dal comico-presidente è fondamentale: cine-populismo e guerre mentali, infatti, sono strettamente interdipendenti e si influenzano a vicenda. Mentre il tecno-populista insegue e cavalca gli algoritmi, il cine-populista li sa manipolare e talvolta persino creare. E mentre gli psico-guerrieri tradizionali mirano a provocare degli stor-

30 Joshua Yaffa, *Ukraine's unlikely president, promising a new style of politics, gets a taste of Trump's swamp*, «The New Yorker», 4 novembre 2019.

dimenti potenti ma temporanei, relativi alla consapevolezza situazionale – come il sovraccarico cognitivo e la dissonanza cognitiva –, i fautori delle guerre mentali puntano a un condizionamento semipermanente e totalizzante, al *reframing*, cioè a far regredire l'individuo da essere autonomo ad automa. I temi delle guerre mentali e dei risultati visibili e tangibili del modello Zelenskij verranno trattati più avanti.

Tornando al cine-populismo, che non è altro che una nuova tappa del tecno-populismo, arricchito con le tecniche dello spettacolo – dalla recitazione alla scenografia –, vale la pena notare che Zelenskij non l'ha abbandonato dopo la vittoria elettorale. Al contrario, ne ha fatto un marchio di fabbrica e il simbolo distintivo di una surreale presidenza. L'unico modo di comprendere la consistenza del cine-populismo, cogliendone le differenze dalla caccia alle emozioni tipica dei populisti tradizionali, è spiegarlo attraverso esempi pratici, come lo show fuori programma di Zelenskij al sedicesimo incontro dello Yalta European Strategy (YES)[31].

Kiev, 12-14 settembre 2019. La capitale ucraina sta ospitando l'appuntamento annuale dello YES, una piattaforma di discussione sulle sfide globali che riunisce ospiti da tutto il mondo, ed è giunto il turno di Zelenskij al microfono. Il pubblico attende l'arrivo sul palco del presidente ucraino da un momento all'altro, ma non accade. Zelenskij non appare. Al posto suo, invece, sul maxischermo viene proiettata la conversazione in tempo reale di un immaginario gruppo What-

31 Tim Stickings, *Ukraine's president trolls all major world leaders in hilarious WhatsApp presentation joking about Brexit, North Korea's nuclear missiles and Russia's annexation of Crimea*, «Daily Mail», 22 settembre 2019.

sApp che riunisce varie potenze del pianeta. È un susseguirsi di umorismo nero, di battute che giocano sugli stereotipi nazionali, di sottili critiche alla gestione del fascicolo Ucraina da parte dei partner occidentali, di frecciatine a Porošenko e di leggere prese in giro a Russia, Repubblica Popolare Cinese e Corea del Nord. Tre minuti circa di puro intrattenimento, pensati per far ridere e per far riflettere.

Nella schermata, Germania, Spagna e Stati Uniti salutano nelle rispettive lingue, mentre Petro Porošenko, sconfitto alle elezioni alcuni mesi prima, «abbandona il gruppo».

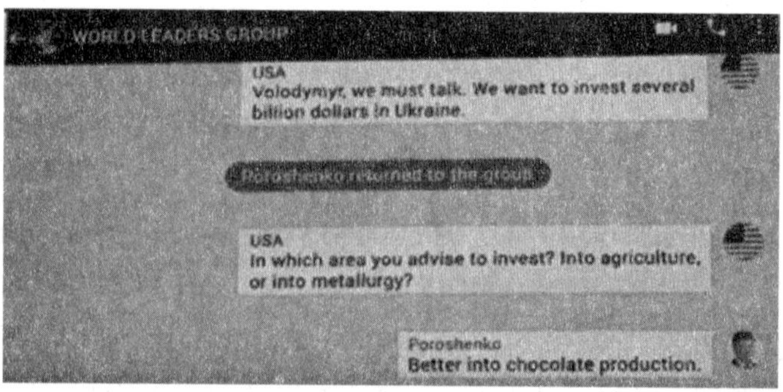

In questa seconda schermata gli Stati Uniti scrivono «Volodymyr, dobbiamo parlare. Vogliamo investire molti miliardi di dollari in Ucraina». Porošenko rientra nel gruppo. Gli Stati Uniti continuano: «In quale area ci consiglia di investire? Nell'agricoltura o nella metallurgia?». Porošenko si intromette nella discussione, proponendo di investire nella «produzione di cioccolato» (un riferimento al suo essere proprietario di Roshen, il più grande gruppo di produzione dolciaria d'Ucraina e tra i primi al mondo).

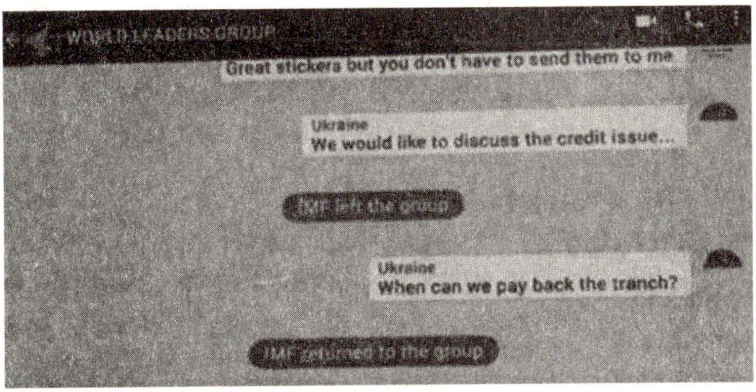

In questa terza schermata l'Ucraina spiega ai partecipanti di «voler discutere la questione del credito». Il Fondo Monetario Internazionale (FMI) abbandona il gruppo. L'Ucraina, poi, chiede: «Quando possiamo ripagare la prima tranche?». E il FMI, a questo punto, rientra nel gruppo.

L'inatteso show è la dimostrazione plastica del potere magnetico che il cine-populismo, di cui Zelenskij è stato l'inventore, è in grado di esercitare anche sul pubblico più esperto. Per giorni, difatti, politica e stampa mondiale non avevano parlato di altro che del contenuto irriverente di quella chat fittizia presentata a un evento internazionale, un momento serietà per definizione.

Il tecno-populismo resterà una strategia molto usata, perché le società dell'informazione e dell'internet sono il presente e il futuro dell'umanità, ma è imperativo che si parli, già da oggi, del cine-populismo inventato da Zelenskij. Se il tecno-populismo ha mostrato come e quanto sia facile inseguire e cavalcare gli algoritmi, e dunque le emozioni delle masse, il cine-populismo ha provato come e quanto sia altrettanto semplice creare l'atmosfera e i bisogni di cui si ha necessità, mescolando le nuove tecnologie con le tecniche e le tattiche della "settima arte".

Ma esiste un'altra ragione per cui è essenziale scrivere dell'esperimento – perché di ciò si è trattato – condotto dal presidente ucraino durante l'incontro dello YES: il suo successo, in considerazione del riscontro di pubblico e della visibilità mediatica, era la prova che il modello Zelenskij potesse essere tradotto anche a livello internazionale. La comicità e la comunicazione persuasiva come veicoli di denuncia e sensibilizzazione non solo tra gli elettori, ma anche tra partner e alleati. La comicità e la comunicazione persuasiva come mezzi per suscitare simpatia ed empatia nei propri confronti e una demonizzazione soft del rivale, in questo caso la Russia. Anche in situazioni di gravi crisi o di guerra.

Un altro esempio di cine-populismo applicato alla diplomazia e alle relazioni internazionali. Il profilo ufficiale del governo ucraino pubblica su Twitter un meme il 7 dicembre 2021, sullo sfondo dell'escalation militare con la Russia che di lì a breve avrebbe portato alla guerra, ironizzando su quanto sia difficile avere un rapporto con la Russia.

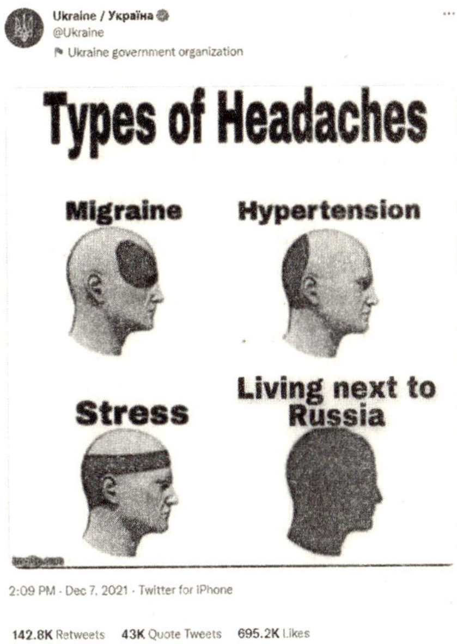

Il meme spiega che esistono quattro «tipi di mal di testa»: l'emicrania, l'ipertensione, lo stress e vivere a fianco alla Russia. L'interazione, come si vede, è elevatissima: a quattro mesi esatti dalla pubblicazione, cioè in data 7 aprile 2022, il meme aveva ricevuto quasi 700.000 mi piace, era stato citato 43.000 volte ed era stato condiviso quasi 143.000 volte.

Un altro esempio di diplomazia dei meme, sempre proveniente dal profilo ufficiale del governo ucraino su Twitter. Viene condivisa una pubblicazione del profilo ufficiale della Federazione Russa, anch'essa dal contenuto psicologico – l'obiettivo è di mostrare quanto stessero bene l'Ucraina e gli ucraini durante l'epoca sovietica –, con il commento: «Ecco qui sotto un ex fidanzato tossico».

Ukraine / Україна
@Ukraine
Ukraine government organization

toxic ex here

Russia @Russia · Jun 23, 2020
Russia government organization
Many #Ukrainians still remember the good ol' days, when #Soviet Ukraine was the #USSR's breadbasket, as well as a popular health #tourism destination & industrial center. A lot of that, and much more, is available in #Russia's #Crimea today. is.gd/Nh9Z52

1:32 PM · Jun 23, 2020 · Twitter for iPhone

30.6K Retweets 4,202 Quote Tweets 111.9K Likes

L'interazione è elevatissima e colpisce nel segno, come (di)mostrano i numeri a due anni di distanza (7 aprile 2022): quasi 31.000 condivisioni, 4.000 citazioni e quasi 112.000 mi piace per la pubblicazione ucraina; 350 condivisioni, 1.200 citazioni e poco meno di 2.000 mi piace per il post originale.

Il primo leader online in tempo di guerra

La battaglia è qui.
Mi servono munizioni, non un passaggio[32].
VOLODYMYR ZELENSKIJ, 26 FEBBRAIO 2022

25 febbraio 2022: una data storica che resterà impressa con l'inchiostro indelebile dell'eroismo. Quel giorno, o meglio quella sera, Zelenskij annunciava al Cremlino, al popolo ucraino e al mondo intero di aver preso una decisione destinata a incidere profondamente sulla modalità di conduzione e sull'esito della neonata guerra: sarebbe rimasto in patria. E rimanendo, anziché fuggire come suggerito da Washington e come preventivato da Mosca, si sarebbe guadagnato legittimamente un posto nella Storia come il primo leader online in tempo di guerra.

È vero, avrebbe potuto far circolare la notizia sulla stampa, o attraverso le pagine ufficiali del governo e della presidenza sui social network, ma non avrebbe avuto lo stesso effetto di un video. Soprattutto non in un'epoca come questa del Terzo Millennio, della Terra come villaggio globale e dell'interconnessione 24/7. E un comunicato diffuso via social, inoltre, non sarebbe stato consono alla figura e allo stile di Zelenskij,

32 Sharon Braithwaite, *Zelensky refuses US offer to evacuate*, cit.

il cine-populista che aveva conquistato la presidenza attraverso meme, sketch, videoclip preregistrati, dirette e apparizioni a sorpresa nei luoghi più improbabili.

Il primo video pubblicato da Zelenskij era, in qualche modo, dotato di carica premonitrice ed emblematico dello stile che avrebbe adottato in guerra. Girato in una Kiev serale e spettrale, precisando ora e data sul telefono, il video-selfie mostrava Zelenskij, circondato da alcuni membri della presidenza, con addosso una tuta mimetica – comunicazione non verbale ad alto impatto –, che aveva un messaggio da riferire[33]:

> Buona sera a tutti. Il capo del partito è qui. Il capo dell'ufficio presidenziale è qui. Il primo ministro Šmihal' è qui. Podoliak è qui. Il presidente è qui. Siamo tutti qui. Il nostro esercito è qui. I nostri cittadini sono qui. Siamo tutti qui per difendere la nostra indipendenza, il nostro Stato, e così faremo. Gloria ai nostri difensori, gloria all'Ucraina, gloria agli eroi!

Il giorno successivo, attraverso i profili Twitter della diplomazia ucraina, Zelenskij reiterava il rifiuto di abbandonare la nazione nel mezzo della guerra, chiedendo agli Stati Uniti di offrirgli munizioni anziché un passaggio all'estero[34]. Una frase divenuta iconica anzitempo, fonte di consenso per il presidente, di incoraggiamento per gli ucraini e di ispirazione per i geni del capitalismo, che ne fanno una stampa istantanea

33 Valerie Hopkins, *In video, a defiant President Zelensky says «We are here»*, «The New York Times», 25 febbraio 2022.
34 Sharon Braithwaite, *Zelensky refuses US offer to evacuate*, cit.

per maglie e felpe vendute sui principali negozi elettronici, come Amazon.

La strategia comunicativa del primo presidente online in tempo di guerra è andata estendendosi con il passare dei giorni, nonostante l'intensificarsi del conflitto e l'ingresso delle truppe russe a Kiev come metodo di pressione – su Zelenskij – e come diversivo – per avanzare nell'Ucraina sudorientale –, dando vita a un format ricco, multiforme, portato avanti con influencer e stampa, e la cui eco è stata amplificata con l'aiuto di social network globali come Facebook e Instagram.

Se Desert Storm è stata la prima guerra seguita dalle telecamere, e le primavere arabe sono state le prime rivoluzioni coordinate sui social network, la guerra in Ucraina verrà ricordata come il primo conflitto combattuto (anche) a colpi di meme, appelli virtuali e prodotti simil-pubblicitari a metà tra la propaganda bellica e il marketing virale che, al di là di ogni aspettativa, hanno raggiunto gli obiettivi di incoraggiare la popolazione a unirsi in una caparbia resistenza, di attrarre combattenti dalle diaspore e di altre nazionalità e di scuotere dal torpore una titubante e divisa Unione Europea.

Il risultato ottenuto, in solo un mese e mezzo di ostilità, è stato roboante: una legione straniera composta da oltre ventimila soldati, una guerra economica totale alla Russia da parte dell'Occidente – parziale disconnessione dallo SWIFT, più di seicento corporazioni in fuga dal mercato russo[35], primi passi verso un embargo energetico – e l'ingresso nel conflitto dell'Alleanza Atlantica in qualità di informale-ma-determinante co-belligerante. È vero che l'Occidente avrebbe imple-

35 *Over 600 Companies Have Withdrawn from Russia – But Some Remain*, Yale school of management, 5 aprile 2022.

mentato comunque un insieme di pesanti (ma non così tanto) sanzioni economiche, energetiche e finanziarie alla Russia, perché regista di una guerra aperta e su larga scala nel Vecchio Continente, ma è innegabile il ruolo chiave giocato da Zelenskij, la variabile impazzita che tra continui messaggi, dirette e, soprattutto, tour virtuali nei parlamenti occidentali ha raccolto un consenso crescente e ottenuto un impegno rilevante, e non simbolico, persino da parte di attori tentennanti e inizialmente ostili ad ogni coinvolgimento militare, come Germania e Italia.

Nel corso del primo mese di guerra, di certo rassicurato dai risultati conseguiti in termini sia di resistenza interna sia di appoggio esterno, muta anche l'immagine di Zelenskij: non abbandona più la tuta mimetica – che gli serve a creare un legame di immedesimazione con militari e civili, ad apparire umano e vicino alla gente comune, a figurare come parte della massa –, ma esce sempre più spesso dai bunker per esorcizzare la paura – la sua e degli ucraini –, ad esempio inviando messaggi dal proprio ufficio[36] e visitando i feriti negli ospedali[37], e usa sempre più spesso i suoi canali social, in particolare Instagram e Twitter. Anche quando pubblica dai bunker o dai sotterranei, la comunicazione con l'esterno non è mai banale, è sempre studiata per esercitare il più elevato impatto emotivo possibile: è il caso della firma alla richiesta di adesione all'Unione Europea, avvenuta il 28 febbraio in un edificio abbandonato, che, una volta pubblicata su Twitter dal profilo

36 *War in Ukraine: President Zelensky posts video from office in Kyiv*, «BBC», 8 marzo 2022.
37 *Zelensky comes to hospital to visit people wounded when evacuating from Kyiv Region*, «Ukrinform», 17 marzo 2022.

del Parlamento ucraino, in mezza giornata ha ricevuto 63.000 mi piace e 17.000 condivisioni[38].

L'utilizzo di Instagram da parte di Zelenskij meriterebbe un libro a sé. L'impiego assiduo della piattaforma lo ha reso il primo "Insta-presidente" di sempre. Non è esagerato affermare che Instagram sia stato il vero rifugio di Zelenskij nel corso della guerra: più di 370 post, tra foto e video, sono stati pubblicati dal 24 febbraio al 6 aprile, con una media di quasi dieci al giorno. I post sono di varia natura: video per rassicurare i concittadini, foto di presunti crimini di guerra e dei bombardamenti compiuti dall'esercito russo, appelli e/o critiche agli omologhi occidentali silenti, ringraziamenti ai partner che offrono aiuto e così via.

L'"Insta-diplomazia" di Zelenskij sembra concepita da un'agenzia pubblicitaria: ogni prodotto rispetta i canoni di mercato. Ad esempio nei monologhi si utilizza il linguaggio emotivo e i video raramente hanno una durata superiore ai sette minuti, secondo un calcolo del minutaggio intelligente: la psicologia del consumo insegna che i video brevi hanno più probabilità di essere guardati per intero rispetto a quelli medio-lunghi, e lo stesso vale per le pubblicazioni scritte.

Il risultato dell'"Insta-diplomazia" è dimostrato, oltre che dai fatti, anche dai numeri: i seguaci, o follower, crescono nell'ordine dei milioni nel primo mese e mezzo di guerra. Quasi 12 milioni il 26 febbraio[39]; 13,5 milioni il primo mar-

38 Gianluca Comin, *Zelensky, le metamorfosi del leader e il potere della comunicazione*, «Formiche», 1 marzo 2022.
39 *Zelensky, la diplomazia su Instagram: come il presidente dell'Ucraina utilizza il social network per comunicare coi leader del mondo*, «Il Secolo XIX», 26 febbraio 2022.

zo[40]; 14,1 milioni il 7 marzo[41]; 15,5 milioni il 10 marzo[42]; 16,6 milioni il 6 aprile. E con il crescere dei seguaci, per ragioni fisiologiche, aumentano anche le interazioni e le visualizzazioni dei contenuti – alcuni video riescono a superare la quota di tre milioni di visualizzazioni a un'ora dalla pubblicazione – e, di conseguenza, ne risentono positivamente l'efficacia, l'immediatezza e la proiezione globale della macchina psico-informativa ucraina.

Nella guerra dei meme e dell'"Insta-diplomazia" è una gara a chi arriva per primo, perché la velocità determina anche l'influenza sul pubblico. Che la strategia comunicativa del presidente e della sua schiera di psico-guerrieri sia stata determinante tanto nel mobilitare la gente comune, in special modo in Occidente, quanto nello spronare la Comunità euroatlantica a fare di più per la causa ucraina – in termini di sanzioni e armamenti –, è opinione corroborata dai fatti e sostenuta dalla stragrande maggioranza dei sociologi della comunicazione che l'hanno analizzata[43].

La comunicazione istantanea e diretta da sola, però, non sarebbe stata in grado di interferire nella (pragmatica) realtà delle relazioni internazionali. Instagram è stato utile a con-

40 Anjana Susarla, *Why Zelenskyy's "selfie videos" are helping Ukraine win the PR war against Russia*, «The Conversation», 1 marzo 2022.
41 Dalia Al-Aqidi, *How Zelensky used social media to his advantage*, «Zawya», 7 marzo 2022.
42 *Volodymyr Zelensky overtook Kanye West in the number of followers on Instagram*, The Saxon, 10 marzo 2022.
43 Miguel Pérez Pichel, *Volodimir Zelenski convierte la comunicación política en una poderosa arma contra Putin*, «El Debate», 12 marzo 2022; Pierluigi Mele, *Il metodo Zelensky: come il presidente ucraino ha cambiato la comunicazione in tempi di guerra*, «Rai News», 22 marzo 2022.

vincere la gente comune a scendere in piazza, dalla Germania alla Georgia, a esprimere solidarietà all'Ucraina e a usare i popoli come mezzo di pressione sui governi, ma l'appoggio diplomatico e politico è stato ottenuto inaugurando una tournée virtuale nei parlamenti occidentali.

Solo nel primo mese e mezzo di guerra, da fine febbraio a inizio aprile, il tour virtuale aveva teletrasportato Zelenskij da una parte all'altra dell'Occidente, dal Canada al Giappone, passando per Stati Uniti, Germania, Italia e Australia, nonché per l'Assemblea generale delle Nazioni Unite. Il tour era concepito per chiedere maggiori aiuti militari e sanzioni economiche alla Russia, era caratterizzato dalla scelta di un linguaggio emotivo ad alto impatto, dalla rottura dei protocolli diplomatici – come l'utilizzo del tu in luogo del lei all'omologo di turno – e dall'uso di copioni scritti insieme a Yuri Kostiuk – tra gli sceneggiatori di *Servant of the People* – e cambiati di volta in volta per aumentare la presa sugli ascoltatori.

> «Justin, riesci a immaginare tu e i tuoi figli mentre ascoltate tutte queste violente esplosioni, il bombardamento dell'aeroporto, il bombardamento dell'aeroporto di Ottawa? I missili cruise che cadono giù e i tuoi figli ti chiedono: "che è successo?"»[44].
>
> Zelenskij si rivolge direttamente a Justin Trudeau, il primo ministro canadese, durante il discorso a distanza tenuto al parlamento canadese il 15 marzo.

44 Rob Gillies, *Zelenskyy appeals for help from Canada in emotional speech*, «AP News», 15 marzo 2022.

Oltre al linguaggio emotivo, il tour virtuale nei parlamenti occidentali, nelle organizzazioni internazionali e in luoghi all'apparenza bizzarri ma nella pratica "strategici" per via dell'impatto mediatico – come il premio Grammy[45] –, è stato contraddistinto dall'impiego di un formato incisivo basato su copioni adattati al contesto di riferimento, che, con qualche eccezione, si è rivelato efficace per catalizzare consenso popolare e politico. La memoria storica e la coscienza nazionale come psico-armi. Il ricordo come fonte di commozione, generatore di rabbia volitiva, cioè di uno sdegno tale da indurre l'ascoltatore-spettatore a reagire. Alle Nazioni Unite la richiesta di portare Putin davanti a un nuovo tribunale di Norimberga. Ai parlamentari britannici l'evocazione di Winston Churchill, la comparazione tra la guerra in Ucraina e la battaglia d'Inghilterra e i riferimenti a William Shakespeare. Al Congresso americano le citazioni di Martin Luther King e i passaggi sugli attentati dell'11 settembre 2001 e sull'attacco di Pearl Harbour. In Israele, dividendo i presenti, l'accenno alla Shoah. In Italia la richiesta ai deputati di immaginare «Genova completamente bruciata, dove gli spari non smettono neppure un minuto»[46], come durante la campagna di bombardamenti angloamericani della Seconda Guerra Mondiale, ottenendo seduta stante dal primo ministro Mario Draghi la promessa di supporto nel cammino verso l'Unione Europea.

45 Maria Caspani, *Zelenskiy asks Grammys audience to support «in any way you can»*, «Reuters», 3 aprile 2022.
46 *Zelensky a Montecitorio: «Immaginate Genova come Mariupol, completamente distrutta»*, «The Huffington Post», 22 marzo 2022.

> «Ricordatevi di Pearl Harbour. La mattina del 7 dicembre 1941, quando i vostri cieli diventarono neri a causa degli aerei che vi stavano attaccando. Ricordatevi dell'11 settembre. Un giorno terribile del 2001, durante il quale delle persone tentarono di trasformare le vostre città in campi di battaglia, durante il quale gente innocente fu attaccata dal cielo. Nessuno se l'aspettava. Non potevate fermarlo. Il nostro Paese sperimenta la stessa cosa ogni giorno»[47].
> Zelenskij rivolto al Congresso americano il 16 marzo.

Quello che ha fatto Zelenskij ha dell'incredibile, anche se la parola giusta è, probabilmente, epocale. Perché, per la prima volta nella Storia, qualcuno è stato in grado di utilizzare la sesta dimensione della conflittualità – quella cognitiva – non tanto per scatenare una guerra sull'onda dell'emotività, cosa che invece ha dei precedenti, quanto per ribaltare le sorti sul campo creando un effetto raduno inaspettatamente vasto attorno alla bandiera, magnetizzando combattenti volontari da tutto il mondo – in particolare dalle diaspore – e ottenendo il supporto diplomatico-militare di un intero blocco geopolitico. La comunicazione istantanea a fini commerciali dei grandi marchi applicata alla politica e alla diplomazia. La dimostrazione concreta del potere destabilizzante delle guerre mentali. Un evento rivoluzionario e destinato, irrimediabilmente, a fare scuola.

47 Hasit Shah, *Read the full text of Ukrainian president Volodymyr Zelenskyy's speech to the US Congress*, «Quartz», 16 marzo 2022.

3. UCRAINA, SPARTIACQUE DEL XXI SECOLO

> L'Ucraina, un nuovo e importante spazio nello scacchiere eurasiatico, è un perno geopolitico perché la sua stessa esistenza come Paese indipendente contribuisce a trasformare la Russia. Senza l'Ucraina, la Russia cessa di essere un impero eurasiatico. La Russia senza l'Ucraina può ancora battersi per il suo status imperiale, ma diverrebbe un impero sostanzialmente asiatico. [...] Ma se Mosca riguadagnasse il controllo dell'Ucraina, coi suoi 52 milioni di abitanti e grandi risorse naturali, oltre all'accesso al Mar Nero, la Russia riconquisterebbe automaticamente le potenzialità per diventare un potente stato imperiale esteso tra Europa e Asia[48].
>
> ZBIGNIEW BRZEZINSKI

Le origini della guerra in Ucraina, il terremoto che ha destabilizzato le fondamenta dell'ordine mondiale post-Guerra Fredda, non vanno ricercate nei sanguinosi moti europeisti che hanno scosso la nazione tra il 2013 e il 2014, determinandone il traumatico ingresso nella sfera di influenza euroamericana e il taglio del cordone ombelicale con la Russia. Euromaidan non è stata che la foce di un fiume dalla sorgente remota, nascosta allo sguardo dei più, al cosiddetto «gregge smarrito» di Walter Lippmann, ma conosciuta da pochi fortunati ed eletti, dagli addetti ai lavori.

48 Zbigniew Brzezinski, *The Grand Chessboard: American Primacy and Its Geostrategic Imperatives*, Basic Books, 1997, p. 46; trad. it. *La grande scacchiera*, Longanesi, 1998.

Scrivere e parlare delle origini della guerra in Ucraina è più che importante, è indispensabile, perché non c'è nulla di più presente del passato. Il passato è uno spettro capace di provocare terribili *poltergeist* ad anni, talvolta a decenni, di distanza. Il passato è la chiave per leggere il presente e prevedere il futuro. Nel libro bussola *La grande scacchiera* di Zbigniew Brzezinski, uno dei grandi cervelli che permisero al Primo Mondo di sconfiggere l'Impero sovietico, è nel passato che si possono trovare le risposte a molti quesiti della contemporaneità.

Nel 1997 Brzezinski, mentore di Gene Sharp – il teorico delle "rivoluzioni colorate", che trasse ispirazione dall'esperienza di Solidarność[49] – e regista della trasformazione dell'Afghanistan comunista nel "Vietnam dei sovietici", ha dato alle stampe *La grande scacchiera*, una sorta di testamento spirituale per i posteri, per i futuri geostrateghi, geopolitici e diplomatici che avrebbero servito la Casa Bianca. I suggerimenti avanzati da Brzezinski per mantenere l'alleato europeo in una condizione di subalternità rispetto all'America e l'Asia in uno stato di anarchia produttiva, come la storia successiva ha (di)mostrato, sono diventati dogma per gli inquilini della Casa Bianca, da Bill Clinton in poi, e hanno contribuito a formare la strategia americana per l'Eurasia. L'Ucraina, nella visione di Brzezinski, avrebbe giocato un ruolo fondamentale nella scrittura del destino degli Stati Uniti, dell'Unione Europea, della Russia e, in esteso, dell'intera Eurasia. Inglobare la Rus' di Kiev nell'orbita occidentale avrebbe significato

49 Solidarność è il nome del sindacato rivoluzionato che, foraggiato dal Vaticano e dagli Stati Uniti, guidò l'insurrezione anticomunista in Polonia dal 1980 al 1989.

"espellere" la Russia in Asia, con tutte le implicazioni del caso: trascinarla nelle faide interetniche e interreligiose tipiche del Turkestan e della Transcaucasia, rallentarne lo sviluppo economico, ridurne il raggio d'azione nel Mar Nero, azzerarne la presa nell'Europa orientale e disaccoppiarla dall'Europa. In un libro del 1997 era stato profetizzato ciò che *è* accaduto nel 2014 e che ha portato alla situazione attuale.

La logica della "guerra economica totale" lanciata dall'asse Washington-Bruxelles a Mosca all'indomani dell'attacco a Kiev non può essere compresa ignorando *La grande scacchiera*. L'amplificazione del regime sanzionatorio introdotto nel 2014 ha come obiettivo il brzezinskiano disaccoppiamento delle due Europe, propedeutico all'ulteriore vassallizzazione dell'Unione Europea, da convertire in un'appendice americana in Eurasia, e al traghettamento della Russia verso direzioni brumose e irte di ostacoli. Ma le incognite e le variabili sono molteplici e imprevedibili, dal ruolo della Cina a quello dell'India e dell'islamosfera, che, avvertiva lo stesso Brzezinski, avrebbero potuto minare la traslazione di questo progetto in realtà, ostacolandolo e, potenzialmente, facendolo fallire.

Dunque è necessario tornare al 1997 per capire il 2022, ma anche per avere un'idea di ciò che potrebbe accadere dopo il 2022, di ciò che attende il mondo oltre l'orizzonte: un cambiamento epocale. L'Ucraina come culla della trasfigurazione dell'ordine mondiale, *katéchon* in grado di difendere il declinante ma ostinato unipolarismo, trattenendo le forze centrifughe che invocano la transizione multipolare.

> Il punto fondamentale da tenere a mente è che la Russia non può stare in Europa senza l'Ucraina, mentre l'Ucraina può stare in Europa senza che la Russia ne faccia parte. [...] Di fatto, il rapporto dell'Ucraina con l'Europa potrebbe essere un momento di svolta per la stessa Russia[50].
>
> ZBIGNIEW BRZEZINSKI

La guerra in Ucraina sarà ricordata dai posteri, i soli in grado di giudicare con distacco e freddezza gli eventi del passato, come il *vero* spartiacque della prima parte del XXI secolo, come l'evento geopolitico che, più di ogni altro in questi ventidue anni, ha deviato e plasmato i destini dell'umanità. Più importante dell'11 settembre, che ha dato impulso al capitalismo della sorveglianza, alla riscrittura del volto del Medio Oriente e al terrorismo islamista. Più importante della guerra in Georgia del 2008, primo mattone del nuovo edificio imperiale della Russia dell'era Putin. Più importante dell'arrivo alla Casa Bianca di Donald Trump, inauguratore di uno scontro egemonico tra due titani, l'Aquila e il Dragone, a lungo in fermento.

La guerra in Ucraina, cominciata in realtà nel 2014 – anno di Euromaidan, dell'occupazione della Crimea e dello scoppio del separatismo armato nel Donbas –, verrà ricordata come la prima fermata e il capolinea di una serie di tendenze e fenomeni. Capolinea dell'eurasismo, inteso come il progetto di una "Grande Eurasia" estesa da Lisbona a Vladivostok, che dalle polveri soporifere della guerra verrà messo in letargo per anni. Prima fermata di un tragitto spianato da Trump e dalla pandemia di Covid-19: la possibile rimodulazione della globalizzazione in scompartimenti regionali e in polarità semiautono-

50 Zbigniew Brzezinski, *op. cit.*, p. 122. Traduzione mia.

me, dotate di catene del valore[51] proprie tra loro indifferenti o concorrenti. Prima fermata anche di un nuovo modo di fare la guerra, che mira a traviare in maniera totale, totalizzante e permanente la mente degli individui – mutandoli in automi telecomandati (vedi prima *Il cine-populismo in pillole*, p. 49 e dopo *La prima guerra mentale*, p. 81) – e costituisce la tappa finale e naturale di un percorso cominciato nel 1917, negli Stati Uniti, con la nascita del Comitato di Informazione pubblica[52].

51 La catena del valore è l'insieme delle attività produttive e organizzative, ma non solo, che formano, strutturano e definiscono un sistema economico. Le merci acquisiscono un valore crescente man mano che vengono lavorate, sino ad arrivare all'ultima fase: la vendita al consumatore finale.

52 Il Comitato di Informazione pubblica (Committee on Public Information) era un ente governativo istituito dalla presidenza Wilson per convincere l'opinione pubblica americana ad appoggiare l'entrata degli Stati Uniti nella Prima Guerra Mondiale. Per due anni, dal 1917 al 1919, riunì i migliori propagandisti dell'epoca, tra i quali il famigerato Edward L. Bernays, allo scopo di trovare i modi migliori di mobilitare gli americani. Fu il primo esperimento di ingegnerizzazione del consenso, che aveva come cavia un'intera società, effettuato in uno Stato liberal-democratico.

Una guerra di meme combattuta da PR

L'Ucraina è stata la prima guerra
combattuta su TikTok[53].
PAM RUTLEDGE

L'Ucraina verrà ricordata come il primo teatro di guerra in cui la sesta dimensione della conflittualità, cioè lo stregamento dei cervelli, ha avuto un ruolo parimenti importante a quello delle altre cinque dimensioni (terra, mare, aria, spazio, rete) e conseguenze visibili e tangibili sul piano reale.

Una volta entrata nella mente delle opinioni pubbliche e delle classi politiche attenzionate, la variabile impazzita Zelenskij è riuscita a ottenere molto, ma non tutto: richieste come l'imposizione di una "no-fly zone", sebbene abbiano fatto breccia nelle masse, erano impossibili da accogliere perché avrebbero condotto a una guerra mondiale. I successi ottenuti sono stati possibili perché, sin dall'inizio, Zelenskij ha agito di concerto con altri attori deputati alla fabbricazione di consenso e al condizionamento mentale. L'Ucraina è stata molto più di una guerra mentale in solitaria: è stata soprattutto una guerra di meme, bufale e operazioni psico-informative combattuta da un esercito influencer, di agenzie di pubbliche

53 Pam Rutledge, *How Memes and Media Are Crafting the Way We See War*, Fielding Graduate University, 1 aprile 2022.

relazioni, di consiglieri NATO e CIA, «di strateghi politici stranieri, lobbisti di Washington D.C. e [di] una rete di mezzi di comunicazione legati all'intelligence»[54].

La guerra dei meme ha avuto una natura, una dimensione e una proiezione intrinsecamente internazionali sin dall'alba del conflitto. Più di 150 agenzie di pubbliche relazioni da tutto il mondo, in particolare dall'Occidente, hanno partecipato al "blitz propagandistico" nel primo mese di conflitto: un numero enorme e ingigantito dalla caratura degli attori coinvolti, come la londinese PR Network, un'agenzia privata ma legata allo Stato britannico, che avrebbe peraltro giocato un ruolo di primo piano nel coordinare gli sforzi dei partecipanti esteri[55].

A livello interno, invece, l'intero settore della tecnologia mobile, che impiega 250.000 lavoratori, è stato mobilitato con un solo obiettivo: vincere la guerra delle narrazioni suscitando simpatia, sentimenti solidali, sensazioni di falso consenso (*astroturfing*), sdegno e rabbia volitiva[56]. Agendo in autonomia, ma secondo un piano d'azione definito da un cervello orizzontale ribattezzato la "IT Army" (esercito delle tecnologie dell'informazione) e legato al ministero della Trasformazione digitale, le imprese digitali hanno creato applicazioni mobili, inondato la rete di prodotti propagandistici e lavorato incessantemente per far prevalere la visione e la versione ucraine su quelle russe. Parola d'ordine: tempestività. Pubblicare una ricostruzio-

54 Dan Cohen, *Ukraine's Propaganda War: International PR Firms, DC Lobbyists and CIA Cutouts*, «MPN News», 22 marzo 2022.
55 Ibidem.
56 Amy Feldman, Cyrus Farivar, *For Ukraine's Tech Startups, Fighting The War Means Memes, Information Campaigns – And Keeping Their Businesses Going*, «Forbes», 4 aprile 2022.

ne dell'accaduto prima dei russi, perché in guerra il tempismo è credibilità, e meglio di loro, a livello di contenuto – anche umoristico –, perché c'è il rischio che la veridicità sia barattata, fino a prova contraria, con la verità. Ne è un esempio la storia, poi rivelatasi falsa, della morte eroica dei soldati ucraini nell'Isola dei Serpenti – una costruzione dell'internazionale di PR[57]. Quando l'allievo supera il maestro.

L'impegno delle aziende digitali e della "IT Army" è stato tanto abnorme quanto determinante e ha messo in piedi «centinaia di iniziative soltanto nelle prime quarantotto ore di invasione»[58]: creazione e immissione nel mercato di nuove applicazioni per fabbricare meme, come Memonet, raccolte fondi, supporto alle forze armate in vari modi, dal monitoraggio del confine con la Bielorussia a «un lavoro senza tregua di denial of service[59]», «pubblicazione di video e informazioni sui social media per aumentare la consapevolezza tra gli europei e gli americani»[60].

Il circuito internazionale di agenzie di relazioni pubbliche, la "IT Army" e i consulenti di NATO e CIA nell'ambito delle guerre ibride, insieme, hanno anche cercato di portare la guerra mentale in Russia, provando ad aggirare il muro dell'internet sovrano a protezione dell'opinione pubblica in diversi modi, ad esempio ricorrendo a eserciti di troll crea-

57 Dan Cohen, *Ukraine's Propaganda War*, cit.
58 Ibidem.
59 Il *denial of service*, letteralmente 'negazione del servizio', è un tipo di attacco informatico che mira a esaurire le risorse fornite da un sistema, un client, come ad esempio un sito web, attraverso traffici di dati insolitamente elevati e ingestibili. Il risultato finale è una congestione che fa collassare temporaneamente il sito web.
60 Amy Feldman, Cyrus Farivar, *For Ukraine's Tech Startups…*, cit.

ti nottetempo o pubblicando foto e video della guerra negli spazi per le recensioni di siti web e piattaforme russi[61].

TikTok, in questo contesto, ha svolto un ruolo essenziale[62]. È proprio su TikTok, dove gli utenti russi hanno assistito a un aumento del controllo e alla rimozione dei contenuti a partire da inizio marzo, che la "IT Army", con l'aiuto di influencer stranieri – alcuni dei quali agli ordini della Casa Bianca – e ucraini, ha focalizzato una parte significativa della campagna psico-informativa. La decisione di concentrare gli sforzi su TikTok, oltre che su Facebook, Instagram e altri social network tradizionali, si può comprendere soltanto spiegando come funziona, a cosa serve e chi lo utilizza principalmente: è la piattaforma di riferimento della Generazione Z, in Ucraina come nel resto del mondo, e ha un algoritmo che permette una diffusione più veloce dei contenuti[63].

Alla guerra dei meme ha partecipato anche il governo ucraino attraverso i suoi canali social ufficiali. Nella schermata, pubblicata poco meno di due ore dopo l'inizio dell'invasione, Adolf Hitler si congratula con Vladimir Putin accarezzandogli la guancia destra.

61 Dan Cohen, *Ukraine's Propaganda War*, cit. e Amy Feldman, Cyrus Farivar, *For Ukraine's Tech Startups…*, cit.
62 Pam Rutledge, *How Memes and Media Are Crafting the Way We See War*, cit.
63 TikTok, a differenza di altri social network come Facebook, permette di creare video in grado di diventare virali con relativa facilità, perché a contare non sono tanto i follower posseduti dall'utente quanto il modo in cui si confezionano i contenuti. In sintesi, un video realizzato per soddisfare una certa categoria di utenti, se ben confezionato, ha più elevate probabilità di essere visto e diventare virale, anche se pubblicato da qualcuno con poco seguito.

Ukraine / Україна
@Ukraine
Ukraine government organization

6:18 AM · Feb 24, 2022 · Twitter for iPhone

312.7K Retweets 117.7K Quote Tweets 1.8M Likes

La guerra ucraina, quindi, rappresenta uno spartiacque anche per il modo in cui sono stati utilizzati e trasfigurati i social network: Instagram impiegato da un presidente per parlare col proprio popolo e con il mondo, TikTok trasformato da uno spazio per video comici e musicali a una fabbrica di meme e mini-reportage di guerra. Gli influencer hanno abbandonato le recensioni di vestiti e cibi per raccontare il conflitto dal punto di vista ucraino, parlando a platee composte da minimo centomila seguaci e ottenendo anche oltre venti milioni di visualizzazioni in poche ore[64]. Gli utenti meno seguiti hanno potuto fare leva sull'algoritmo per "popolarizzare" in breve tempo i propri contenuti, diventando influencer a loro volta, contribuendo a mitizzare sia Zelenskij sia la re-

64 Kalhan Rosenblatt, Kat Tenbarge, *Ukraine fights back on TikTok, where war is fought with memes and misinformation*, «NBC», 4 marzo 2022.

sistenza civile. A fare da sfondo, il dinamismo di personaggi pubblici di origini ucraine ma residenti all'estero, dagli attori agli sportivi, che hanno risposto all'appello della patria sensibilizzando le opinioni pubbliche straniere e, talora, persino recandosi in Ucraina per unirsi alla resistenza[65].

Il fattore TikTok, per quanto sottovalutato e/o trascurato, è stato indispensabile nel catalizzare il consenso e nel plasmare le convinzioni della generazione Z occidentale. I meme, come spiega la sociologia della comunicazione[66], «sono più persuasivi di quanto molta gente realizzi, [in quanto] innescano emozioni [...], ancorano un significato attivando l'identità, il senso di appartenenza ed esistenti convinzioni e modelli mentali» e «riescono a tradurre concetti complicati in frasi incisive che costruiscono il quadro narrativo che dà un senso agli eventi e alle esperienze». I meme, in sintesi, possono essere tanto la mera translitterazione grafica di una barzelletta, quanto una raffinata psico-arma in grado di far riflettere e di convincere a documentarsi in un determinato modo. Quelli pubblicati nel corso della guerra, fabbricati in larghissima parte dall'"IT Army" e dai suoi alleati all'estero, hanno aiutato Kiev a vincere la battaglia delle narrazioni.

Una delle tecniche che ha permesso ai "mematori" ucraini di conquistare il giovane pubblico occidentale, e che dimostra quanto sia stato curato il disegno intelligente della strategia comunicativo-informativa, è stata forse, se non certamente, l'abile utilizzo della cultura pop euroamerica-

65 Victor Jack, *From ballerinas to boxers, Ukrainian sports stars sign up to fight Russia*, «Politico», 9 marzo 2022.
66 Pam Rutledge, *How Memes and Media Are Crafting the Way We See War*, cit.

na, in particolare del cinema hollywoodiano, per produrre contenuti umoristici. I memator ucraini, infatti, hanno invaso la rete di meme ispirati ai classici di ieri e di oggi, dall'intramontabile *Shining* di Stanley Kubrick all'universo cinematografico della Marvel[67]. La strategia ha premiato l'"IT Army", perché la scelta di elementi culturali ben conosciuti dal pubblico da sensibilizzare, o da condizionare mentalmente – a seconda di come si interpreti questo paragrafo di conflitto –, ha accresciuto significativamente la sua identificazione con gli ucraini e lavorato in una direzione favorevole al consenso, all'empatia e alla solidarietà.

Meme a parte, i TikTokers al servizio di Kiev hanno lavorato al perseguimento di altri due scopi: l'iniezione di morale alla resistenza e la fornitura di linee-guida agli aspiranti combattenti[68]. Il morale dei civili è stato aiutato, ad esempio, popolarizzando leggende di guerra come l'esistenza del presunto "fantasma di Kiev", un pilota di caccia ucraino che avrebbe abbattuto da solo numerosi velivoli militari russi, e altre storie che, per quanto inverosimili, in un contesto bellico possono incidere enormemente a livello cognitivo ed emotivo. Gli aspiranti combattenti, invece, hanno trovato nell'applicazione video istruttivi su come costruire bombe molotov e altre armi artigianali. Entrambi gli scopi, fatti alla mano, sono stati perseguiti con successo e, proprio per questo, saranno anch'essi destinati a fare scuola agli strateghi di ogni dove nel dopo-Ucraina.

67 Mansur Mirovalev, *As bombs fall on Ukraine, memes ridicule Russian aggression*, «Al Jazeera», 10 marzo 2022.
68 Kalhan Rosenblatt, Kat Tenbarge, *Ukraine fights back on TikTok*, cit.

La prima guerra mentale

> Ciò che ogni individuo fa si basa non su una conoscenza diretta e certa, ma su immagini che egli si forma o che gli vengono date. Se il suo atlante gli dice che il mondo è piatto, non farà rotta verso ciò che pensa che sia l'orlo del nostro pianeta a causa della paura di cadere giù. Se le sue mappe includono una fontana dell'eterna giovinezza, un Ponce de León andrà alla sua ricerca. [...] Il modo in cui il mondo viene immaginato determina, in ogni momento, cosa faranno gli individui. Non determina ciò che otterranno, ma il loro sforzo, i loro sentimenti, le loro speranze. [...] Che cos'è la propaganda, se non lo sforzo di alterare le immagini alle quali rispondono gli individui[69]?
>
> WALTER LIPPMANN

L'Ucraina non è stata la prima trincea a vedere accanto al rumore degli eserciti il frastuono della propaganda, la realtà deformata dal caos disinformativo, ma verrà certamente ricordata come il primo campo di battaglia dove la sesta dimensione della conflittualità ha plasmato le altre. Zelenskij e la macchina propagandistica ucraina, che hanno dei precedenti storici simili ma non identici, sono riusciti a cambiare l'atteggiamento dei partner più scettici, come Germania e Italia – determinanti per l'esito del conflitto –, a far carburare in tempi record una campagna di reclutamento globale e a mobilitare una resistenza civile effusa al di là di ogni aspettativa.

69 Walter Lippmann, *Public Opinion*, Harcourt, 1922, p. 6. Traduzione mia.

L'Ucraina è un teatro in cui la tradizione, rappresentata dagli stratagemmi novecenteschi e clausewitziani dell'esercito russo, è stata sopraffatta dalla forza travolgente della modernità, costituita dal perfezionamento delle tattiche e delle tecniche delle guerre informative, psicologiche e cognitive: il cine-populismo applicato alle arti belliche; i social network, di ogni tipo, riconvertiti a uso militare; la mente come teatro di scontro; il cervello, motore che dirige ogni comportamento umano, come spazio da conquistare, lasciato alle suadenti voci degli influencer e a prodotti scandalistici simil-pubblicitari. Controllare la mente per controllare l'uomo.

Ciò che distingue le guerre mentali dalle forme passate, più recenti e attuali, di conflittualità informativo-psicologica può essere colto soltanto a partire dal loro significato. Le guerre mentali, sottocategoria che esprime al meglio le peculiarità e potenzialità del concetto di guerra cognitiva, non sono altro che la fusione e l'evoluzione dei conflitti informativi e psicologici, e hanno nel teatro ucraino la propria bussola.

Le guerre mentali possono essere ritenute un nuovo modo di concepire e praticare la propaganda, la quale assume una natura più pervasiva e totalizzante che mai e, dunque, risulta capace di attecchire in modo più profondo, e potenzialmente semipermanente, nella mente degli individui colpiti. La propaganda classica mira all'orientamento delle greggi smarrite di Lippmann su temi specifici e in contesti determinati – elezioni, guerra, gravi crisi, riforme antipatiche –, mentre l'ultima tappa delle guerre per il controllo della mente ha un altro fine: un condizionamento durevole nel tempo, ossia un *reframing*, cognitivamente disabilitante e intrinsecamente multitematico nel contenuto. Le guerre mentali, in altre parole, hanno il potenziale di convincere il soggetto-divenuto-automa a sposare ogni visione veicolata dalla propaganda, adesso e in futuro, su questioni di guerra come di salute, economia o politica. Le operazioni psicologiche di ieri e di oggi puntano a indirizzare l'individuo durante le elezioni, a fargli accettare con remissività o con entusiasmo delle cose aborrite, a spaesarlo in momenti critici – aggredendone la consapevolezza situazionale attraverso il sovraccarico e la dissonanza –, mentre quelle di domani ambiscono a neutralizzare ogni autonomia cognitiva, a rendere il soggetto un'ameba teleguidata che agisce in modo prevedibile, perché psico-programmata, in ogni ambito di interesse per l'ingegnere della mente.

Il frutto della guerra informativa può essere un soggetto disinformato da un'ondata di bufale, ma che ha modo di difendersi, di capire il tranello, grazie ad anticorpi naturali – l'intelligenza – o iniettati dall'ambiente circostante – le campagne di demistificazione operate da governi, organi di informazione e altri attori. Le bufale hanno un ciclo di vita breve, non ricaricabile, e sono un'arma a doppio taglio: traviano la vittima, ma minano la credibilità e la reputazione del disinformatore se l'inganno viene scoperto. Invece, l'"intossicazione ambientale" e l'"assedio", due tattiche basate sulla diffusione continuativa di notizie tra loro discordanti, sono in grado di suscitare un forte spaesamento che può culminare in azioni sconsiderate, ma non possono condurre a un condizionamento mentale della collettività e neanche provocare effetti di lungo termine. Sarebbe interessante, a questo proposito, studiare le conseguenze della guerra informativa russo-cinese sull'opinione pubblica europea durante la pandemia di Covid-19 – antesignana della comparsa delle guerre mentali – che pare aver giocato un ruolo chiave nella diffusione di sentimenti antivaccinali, di movimenti anti-restrizioni e di scontri[70].

Il risultato della guerra psicologica, simile ma diversa da quella di tipo informativo, è più sfaccettato. Per quanto le informazioni siano una componente chiave, essa poggia su una costellazione variegata di elementi: azioni, messaggi, minacce, simboli. La diplomazia delle cannoniere, ad esempio, appartiene alla categoria delle operazioni psicologiche: parate militari, esercitazioni e pressioni quasi belliche per terrorizzare il rivale e indurlo a negoziare. La guerra psicologica può di certo disorientare, ma ambisce in special modo a terrorizzare e demoralizzare la vittima, così da vincerla senza combatterla.

La Storia è ricca di esempi di guerra psicologica, che è antica come il mondo, e ne illustra alla perfezione il potenziale. I primitivi – e, ancora oggi, le tribù amazzoniche, africane e oceaniche – si dipingevano il viso per incutere timore negli avversari. I persiani nella battaglia di Pelusio, 525 a.C., legarono dei gatti ai loro scudi per dissuadere gli egizi dall'attaccarli e vinsero. Vlad Țepeș, altresì noto come Dracula o Vlad l'Impalatore, si preparò alla storica battaglia di Târgoviște (1462) contro gli ottomani trasformando l'unica strada che avrebbero potuto percorrere per giungere in città «in un chilometrico sentiero di morte costellato di turchi impalati, circa ventimila», e vinse[71]. Gli Stati Uniti impedirono l'elezione di Salvador Allende nel 1964 orchestrando una

70 Emanuel Pietrobon, *Il futuro del mondo post-Covid19*, Vision and Global Trends, 17 settembre 2021.
71 Emanuel Pietrobon, *La strategia di Dracula*, «InsideOver», 3 aprile 2021.

campagna di psico-terrorismo[72] basata sull'attribuzione di «dichiarazioni e documenti mendaci al Partito Comunista», sul vasto ricorso ai media, che «nella sola prima settimana di campagna elettorale, interessò più di 40 stazioni radio nella provincia di Santiago, adibite alla trasmissione continua di spot (20 al giorno), notiziari (24 al giorno) e talk show (26 al giorno) di natura anticomunista» e sull'affissione di «migliaia di manifesti e [...] volantini ritraenti l'esercito sovietico a Santiago e plotoni d'esecuzione castristi; le stesse immagini furono anche trasformate in pitture murali in diverse città». La campagna, puramente psicologica, ebbe successo poiché «il clima di terrore creato e il consenso costruito attorno a Frei Montalva permisero alla DC di vincere le elezioni con il 56% dei voti, ancora oggi la percentuale più alta di tutta la storia elettorale del Cile». Sempre gli Stati Uniti, nel 1990, convinsero l'opinione pubblica interna ad appoggiare l'invasione dell'Iraq appaltando a dei pubblicitari la realizzazione di una frode choc, la famigerata testimonianza di Nayirah, sui presunti crimini contro l'umanità commessi dai soldati di Saddam Hussein in Kuwait[73].

> La prima guerra del Golfo fu, letteralmente, venduta al pubblico americano (e non solo) da un'agenzia di marketing.
>
> BRAHIM RAMLI[74]

72 Emanuel Pietrobon, *L'arte della guerra segreta*, AKP, 2020, pp. 39-40.
73 Brahim Ramli, *In guerra nulla è come sembra*, «Dissipatio», 31 marzo 2022.
74 Ibidem.

In che modo le guerre mentali differiscono, dunque, nella teoria e nella pratica, da quelle informative e psicologiche? I detrattori e gli scettici potrebbero affermare che bufale e psico-terrorismo producano effetti simili nell'individuo e nelle masse, come dimostrano fenomeni ampiamente studiati quali il pensiero di gruppo (*groupthink*) e il raduno attorno alla bandiera (*rally "round the flag"*). La differenza, sostanziale, è che il pensiero di gruppo può essere spezzato e l'effetto bandiera svanisce nel tempo, solitamente quando, a crisi rientrata, il popolo si accorge che i problemi preesistenti non sono stati risolti. Le guerre informative e psicologiche, in sintesi, non attecchiscono mai a fondo: fanno presa nell'immediato, anche con conseguenze significative, ma perdono tenuta già nel medio periodo. Le guerre mentali, invece, no: lo scopo non è un controllo transitorio e settoriale, ma semipermanente e totalizzante.

Perciò, scrivere di guerra mentale equivale ad addentrarsi in quell'universo inesplorato che è la guerra cognitiva, summa ed evoluzione delle tecniche e delle tattiche disinformative e psico-terroristiche sin qui esposte. Così come gli assedi sono un tipo di guerra informativa, le guerre mentali sono una sottocategoria di guerra cognitiva – la più importante, autoesplicativa, definitoria, dirompente, esasperante, irrefrenabile. Le guerre mentali, *nomen omen*, non sono dichiarate né sono visibili: si potrebbe essere esposti a un'operazione di psico-manipolazione in qualunque momento, in qualsiasi luogo – giocando a un videogioco, ridendo a un meme e guardando un video apparentemente innocuo –, davanti al computer come davanti al cellulare.

Sviluppare anticorpi, alla luce della pericolosa natura delle armi cognitive, non è semplice: le guerre mentali sono opera di apparati statali sostenuti da tutti gli *instrumenta regni* che sorreggono la società di massa, del consumo e dell'informazione, dalla stampa ai personaggi pubblici – come attori e cantanti –, e dai capi religiosi agli influencer. Difendersi equivarrebbe a erigere una barriera della diffidenza contro l'ambiente circostante. Ma nel fare ciò, inconsapevolmente, si potrebbe diventare ostaggi di *psyops* e *infowars* altrui, prigionieri di errate convinzioni o, ancora peggio, vittime delle guerre mentali di Stati terzi alla ricerca di individui convinti di avere sviluppato una sorta di psico-resistenza.

Il formato Zelenskij funziona?

> [Putin] Siediti con me al tavolo delle trattative. Ma non a trenta metri di distanza come con Macron e con Scholz – vicino. Non mordo! Di cos'hai paura[75]?
>
> VOLODYMYR ZELENSKIJ, 3 MARZO 2022

Il *modus operandi* di Zelenskij prima e durante la guerra è stato dettagliatamente spiegato e illustrato nei capitoli precedenti, nei quali si è fatta luce sul cine-populismo, mostrandone la forza in numeri, e si è descritta l'innovativa campagna propagandistica *made in Ukraine*; una pastura eterogenea ed efficace di allarmismo, comunicazione persuasiva, figure retoriche, sfrontatezza, neuromarketing e stuzzicamento della memoria emotiva degli interlocutori.

Quanto è accaduto nel primo mese di guerra è la dimostrazione plastica che il formato Zelenskij ha creato, tra Occidente e parte dello spazio postsovietico, un campo di distorsione della realtà di vaste proporzioni a uso e consumo dell'Ucraina. Nel suo Stato ha innescato una resistenza civile diffusa e tenace, persino in teatri etnicamente misti dove le truppe russe speravano di incontrare un'accoglienza positiva e alimentare moti utili alla loro rapida occupazione. In Occidente, salvo qualche eccezione, ha incoraggiato società e politici a muovere una guerra economica totale alla Russia e ad armare l'esercito

75 Katie Wermus, *Zelensky Calls on Putin for Face-to-Face Talks, Says «I Don't Bite»*, «NewsWeek», 3 marzo 2022.

ucraino. In parte dello spazio postsovietico, dal Caucaso meridionale all'Asia centrale, ha risvegliato mai sopiti sentimenti russofobici, emblematizzati dalla comparsa a macchia d'olio di proteste pacifiche e pacifiste contro il Cremlino.

I numeri e i fatti, molto più delle parole, rappresentano il vero e unico modo per cogliere quanto significativo sia stato l'impatto del formato Zelenskij in Ucraina e nel resto del mondo, che, come vedremo, sulla questione si è spaccato. O meglio: l'Occidente ha preso una strada, mentre tre quarti del pianeta sembrano averne scelta un'altra.

L'effetto Zelenskij in Ucraina

La decisione di Zelenskij di non fuggire e la poderosa campagna propagandistica messa in moto, con l'appoggio di stampa, influencer, diaspora e psico-strateghi dell'esercito, hanno prodotto un effetto raduno attorno alla bandiera[76] decisivo nel rovesciare le sorti di una guerra che sembravano già scritte. Il 1 marzo, secondo un'indagine-lampo condotta da Rating Group, l'indice di approvazione di Zelenskij era del 93% a livello nazionale e, sebbene variasse da regione a regione, risultava elevato anche nelle zone orientali, quelle a

76 L'effetto del raduno attorno alla bandiera, in inglese *rally 'round the flag effect*, è il picco di popolarità che registrano i regimi, sia democratici sia non democratici, allo scoppio di una guerra. Ha un carattere forte ma una durata temporanea. Svanisce con il passare del tempo, anche a conflitto in corso, quando l'opinione pubblica, immersa nella quotidianità, si accorge che i problemi di sempre non sono stati risolti.

maggioranza o forte composizione russofona, dove era pari al 64%[77].

Sempre Rating Group, il 25 marzo, ha pubblicato una ricerca sull'impatto della guerra nell'immaginario collettivo ucraino, concludendo come «la distruzione del mito dei popoli fratelli e l'isolamento della Russia dal contesto informativo e culturale» stessero portando a compimento in fretta un processo sino al pre-guerra lungo, difficoltoso e tortuoso, cioè la costruzione dell'identità nazionale ucraina. Lo dimostra l'aumento vertiginoso delle persone interpellate che identificano nell'ucraino la loro lingua madre: dal 57% del 2012 al 76% del 2022[78].

Il sondaggio di opinione più eloquente sui sentimenti e sulle idee degli ucraini – utili per farsi un'idea di quello che potrebbe essere il futuro – è stato effettuato da un'agenzia ucraina per il miliardario britannico Lord Ashcroft Polls a una settimana di distanza dallo scoppio della guerra. Lo studio è eloquente perché evidenzia l'eterogenesi dei fini ottenuta dal Cremlino. Numeri alla mano, «il 93% degli ucraini, incluso il 78% dei rispondenti di etnia russa, considerava il futuro del Paese più vicino all'Europa che alla Russia», «il 62% aveva una visione molto negativa del popolo russo» e «il 98% degli ucraini, incluso l'82% di quelli di etnia russa, diceva di non credere che alcuna parte dell'Ucraina facesse legittimamente parte della Russia»[79].

77 *Національне опитування: Україна у війні (1 березня 2022)*, Rating Group, 1 marzo 2022.
78 *The sixth national poll: the language issue in Ukraine (March 19th, 2022)*, Rating Group, 25 marzo 2022.
79 Lord Ashcroft, *Ukrainians want to stay and fight, but don't see Russian people as the enemy. A remarkable poll from Kyiv*, Lord Ashcroft Polls, 4 marzo 2022.

I numeri dei sondaggi sull'effetto Zelenskij in Ucraina sono stati corroborati dalla dura resistenza civile incontrata dalle truppe russe quasi ovunque – anche in città chiave come Kiev, Kharkov e Mariupol –, dall'assenza di tensioni interetniche da strumentalizzare nella cosmopolita Odessa e, non meno importante, dal fatto che nessun membro dell'apparato militare e securitario abbia risposto all'appello di Putin sul rovesciamento di Zelenskij: eventi indicativi dell'effettivo supporto al presidente.

Numeri e fatti, in estrema sintesi, indicano che l'effetto Zelenskij, con alta probabilità, ha catalizzato il processo di costruzione della nazione ucraina nel contesto di una guerra scoppiata, per ironia della sorte, anche perché il Cremlino negava il diritto alla singolarità dello Stato e lo reputava un prodotto della miopia di Lenin.

L'effetto Zelenskij in Occidente

Negli Stati Uniti, secondo un sondaggio Reuters/Ipsos effettuato la prima settimana di marzo, il 74% delle persone intervistate era a favore dell'imposizione di una no-fly zone nei cieli ucraini e l'80% supportava la fine dell'importazione di petrolio russo[80]. La posizione degli americani, curiosa ma non sorprendente, si era radicalizzata all'indomani dello scenico video-intervento di Zelenskij al Congresso, avvenuto il 16 marzo. La settimana seguente, stando a una ricerca firmata Associated Press e NORC Center for Public Affairs Resear-

80 Jason Lange, *EXCLUSIVE Americans broadly support Ukraine no-fly zone, Russia oil ban – poll*, «Reuters», 4 marzo 2022.

ch[81], il 56% degli intervistati riteneva che la reazione americana non fosse stata abbastanza dura e il 64% era favorevole all'invio di armamenti all'Ucraina – quasi il doppio rispetto all'anteguerra, quando il corso d'azione era supportato soltanto dal 38%[82] delle persone.

A fine marzo, dopo un mese di conflitto, il Pew Research Center ha riferito che il presidente ucraino era diventato il capo di Stato nel quale l'opinione pubblica a stelle e strisce riponeva la maggiore fiducia nella gestione degli affari internazionali (72%), in prima posizione davanti a Emmanuel Macron (55%), Olaf Scholz (53%) e Joe Biden (48%)[83].

Lo schieramento dell'opinione pubblica statunitense a favore di una gestione di tipo confrontazionale del conflitto ha condizionato sensibilmente la posizione della presidenza Biden, dura ma pragmatica, che, nel mese di marzo, ha accolto le richieste dell'elettorato catturate dai sondaggi, in particolare il blocco dell'acquisto di petrolio russo e l'implementazione di sanzioni più rigide. Effetto Zelenskij tangibile anche in questo caso.

La situazione è stata più complessa nell'Unione Europea, che, del resto, non è un blocco monolitico ma un'aggregazione di realtà eterogenee e le cui percezioni risentono profondamente della geografia.

Indicato dai lettori di «Politico» come «la persona più po-

81 Jacob Knutson, *Poll: Americans want tougher sanctions on Russia over Ukraine invasion*, «Axios», 28 marzo 2022.
82 Linley Sanders, Kathy Frankovic, *Americans want to support Ukraine, but not with U.S. Troops*, YouGov, 11 febbraio 2022.
83 Jacob Poushter, Aidan Connaughton, *Zelenskyy inspires widespread confidence from U.S. public as views of Putin hit new low*, Pew Research Center, 30 marzo 2022.

tente in Europa»[84], Zelenskij si è effettivamente meritato questo titolo: con l'aiuto delle azioni scellerate di Putin, in poco meno di un mese di guerra ha emarginato il partito della distensione e convinto, con un tour virtuale dei parlamenti europei, i membri più esitanti a muovere una guerra economica totale alla Russia, attraverso un embargo energetico, e a dare il via a un flusso costante (e decisivo) di armamenti in direzione dell'Ucraina. Nel caso della Germania, il cancellierato Scholz, che a inizio anno si era limitato all'invio di cinquemila elmetti all'esercito ucraino – gesto indicativo della posizione tedesca –, tra fine febbraio e fine marzo ha proceduto a ibernare il Nord Stream 2[85] e a trasferire armi letali all'esercito ucraino – da armi anticarro a missili terra-aria –, sullo sfondo di un epocale ritorno nella Storia simbolizzato da un piano di riarmo da cento miliardi di euro[86].

Neanche l'Italia, storicamente una delle nazioni europee più russofile a livello culturale e nel piano diplomatico, è stata immune dall'effetto Zelenskij. A metà marzo, secondo un sondaggio di Termometro Politico, il 34% degli italiani era «a

84 Joshua Posaner, *Ukraine's Volodymyr Zelenskyy tops POLITICO 28 poll as most powerful person in Europe*, «Politico», 22 marzo 2022.
85 Il Nord Stream 2 è il gasdotto gemello del Nord Stream, il condotto che unisce i giacimenti di gas naturale della Russia con il mercato tedesco. Costato circa dieci miliardi di euro, è stato al centro di un aspro dibattito sin dalle prime fasi della costruzione, perché ritenuto dai detrattori una possibile leva di pressione di Mosca su Berlino (e sull'Europa), ed è stato "congelato" a tempo indefinito allo scoppio della guerra in Ucraina.
86 *How Germany, shaken by Ukraine, plans to rebuild its military*, «France24», 29 marzo 2022; David M. Herszenhorn, Lili Bayer, Hans Von Der Burchard, *Germany to send Ukraine weapons in historic shift on military aid*, «Politico», 26 febbraio 2022.

favore di interrompere l'importazione di gas e petrolio dalla Russia»[87]. Nello stesso periodo, stando a un'indagine Dire-Tecnè, il 40% era dell'idea che l'Italia dovesse «mandare armi per sostenere l'esercito e la resistenza ucraina»[88].

Tre settimane più tardi, il 6 aprile, le tendenze fotografate da Termometro Politico e Dire-Tecnè sono state riconfermate da una ricerca ISPI-IPSOS: il 37,7% degli italiani era a favore dell'invio di armi – affiancato da un 38,6% contrario –, il 48,3% sosteneva un regime sanzionatorio – contro il 37% – e un fragoroso 86,6% era disposto a «ridurre i consumi energetici personali e familiari»[89].

A fare da cornice ai sondaggi, la svolta fermamente atlantista del governo Draghi, spalleggiata da stampa e influencer, e l'entrata del Paese in un inusuale clima maccartistico[90] a base di screditamento e demonizzazione di pensatori critici della versione occidentale degli eventi[91], di censura della cultura

87 *Sondaggio: stop a petrolio e gas russo. Favorevole un terzo degli italiani*, Affari Italiani, 18 marzo 2022.
88 Maria C. Fiumanò, *Solo il 40% degli italiani è d'accordo con l'invio di armi in Ucraina*, «Dire», 20 marzo 2022.
89 *Guerra in Ucraina: cosa pensano gli italiani?*, ISPI, 6 aprile 2022.
90 Il maccartismo è stato un periodo storico degli Stati Uniti, grosso modo circoscritto agli anni Cinquanta e legato alla figura dell'inquisitore Joseph McCarthy, caratterizzato da scandali, persecuzioni giudiziarie e cacce alle streghe che avevano quale comune denominatore un vago e ambiguo contrasto al comunismo. Tutti, dal cittadino ordinario all'attore di Hollywood, erano ritenuti e/o ritenibili dei potenziali sospetti, cioè degli agenti del Cremlino. Tra gli episodi più celebri del maccartismo si ricordano il caso Rosenberg, il processo a Hollywood e la sorveglianza di scienziati come Albert Einstein.
91 *"No alla censura contro Alessandro Orsini": la petizione dei professori a favore del collega accusato di essere "filorusso"*, «il Fatto Quotidiano», 8 marzo 2022.

russa nelle università[92] e di emarginazione di artisti di rilievo russi, licenziati nel contesto di campagne di collettivizzazione della colpa[93].

L'effetto Zelenskij nel resto del mondo

Uno dei numeri più magniloquenti che possano essere impiegati per spiegare al lettore l'impatto del formato Zelenskij è il seguente: 20.000. Sono 20.000 – secondo un calcolo approssimativo – i combattenti volontari e mercenari attirati a Kiev dalla presidenza Zelenskij tra il 27 febbraio e metà marzo, cioè più di quanti ne abbia ospitati l'intero Donbas fra il 2014 e il 2021, nel corso di una campagna di reclutamento per la neonata Legione internazionale per la difesa territoriale dell'Ucraina[94]. Una campagna alla Zelenskij: interamente virtuale, scenografica, portata avanti sui social network da pagine nate dall'oggi al domani, dai profili ufficiali delle ambasciate ucraine e persino da un sito web costruito ad hoc. Un bando di reclutamento senza precedenti storici per rapporto tempo-dimensioni, proiezione internazionale e metodo di comunicazione.

La Legione internazionale ha attirato nel primo mese di guerra circa 20.000 combattenti da più di 50 Paesi, in larga parte occidentali, latinoamericani e, (non così) sorprendente-

92 *Perché l'università Bicocca ha censurato Dostoevskij, la spiegazione di Paolo Nori*, «Il Riformista», 3 marzo 2022.
93 *Milano, la Scala conferma: la soprano russa Anna Netrebko non sarà sul palco*, «Rai News», 1 marzo 2022.
94 Andy Blatchford, *Band of others: Ukraine's legions of foreign soldiers are on the frontline*, «Politico», 24 marzo 2022.

mente, postsovietici. Quest'ultimo dato non stupisce perché la psico-chiamata alle armi di Zelenskij ha gettato semi della discordia nello spazio postsovietico, risvegliando un sentimento preesistente e persistente: la russofobia dei popoli caucasici e turchici. All'indomani dell'invasione dell'Ucraina, infatti, in lungo e in largo nell'area ex sovietica hanno avuto luogo grandi e partecipate manifestazioni pacifiste, solidali con il popolo ucraino, creando un forte imbarazzo nelle élite al potere. Tra i Paesi travolti dall'effetto Zelenskij compaiono anche l'Armenia[95], l'Azerbaigian[96], il Kazakistan[97] e la Moldavia[98]. Ma uno risalta fra tutti: la Georgia, testimone di una rottura tra governo e presidenza sulla gestione del dossier ucraino, casa di oltre ventimila russi in fuga dalla stretta sull'opposizione del Cremlino e teatro di maxi dimostrazioni sin dai primordi dell'invasione[99].

Fuori dall'area postsovietica, ma storicamente vicino alla Russia – come dimostra l'assenza di manifestazioni contro le politiche del Cremlino –, un insospettabile, chiuso e isolato Paese chiave dell'Asia ha ospitato una piccola ma eloquente dimostrazione di solidarietà nei confronti dell'Ucraina:

95 *Armenian communists and peace activists hold competing Ukraine protests*, «OC Media», 21 marzo 2022.
96 *Azerbaijanis take to the streets against Russian invasion*, «OC Media», 28 marzo 2022.
97 Paolo Sorbello, *As the War Continues, Ukraine Is on Kazakhstan's Mind*, «The Diplomat», 17 marzo 2022.
98 *Moldovan youths protest Russian invasion of Ukraine*, «NHK», 19 marzo 2022.
99 *Protesters In Tbilisi Decry Georgian Government's Inadequate Support For Ukraine*, RFERL, 1 marzo 2022; *Thousands Of Georgians Protest Russia's Invasion Of Ukraine*, RFERL, 25 febbraio 2022.

la Mongolia[100]. Fatto, quest'ultimo, estremamente utile per capire il raggio d'azione internazionale della campagna propagandistica ucraina e i suoi possibili effetti nel prossimo o lontano futuro: la crescita dei semi della discordia in piante velenose.

Ma sarebbe sbagliato, e a sua volta prova dell'efficacia della propaganda, definire l'operazione Zelenskij come un successo *tout court*. L'Occidente e lo spazio postsovietico, infatti, non rappresentano il mondo, ma soltanto una sua parte. Sottolinearlo è importante: le guerre mentali distorcono il campo visivo delle vittime e/o degli aggregati di vittime, inducendoli ad autorecludersi in bolle vissute come se rappresentassero l'intera realtà. In breve: se Zelenskij piace in Occidente, ne consegue che piacerà ovunque. Non è così. In un certo senso, soprattutto in questo caso, le guerre mentali non hanno creato nulla di nuovo: hanno esacerbato una tendenza preesistente tutta occidentale, viziata da pregiudizi culturali, che spinge le persone a vedere il mondo come vorrebbero che sia, o come è ai loro occhi, anziché come è effettivamente. Nello specifico, in riferimento all'effetto Zelenskij nel resto del mondo, «analisi basate sull'intelligence delle fonti aperte (OSINT) hanno catturato una tendenza interessante: la narrativa russa ha trovato terreno fertile e riscosso consenso in Latinoamerica, Africa subsahariana e Asia, ovvero in (quasi) tre quarti del mondo»[101]. Ciò significa, spiegato altrimenti, che «solo in

100 *Монголчууд орчин үеийн түүхэндээ анх удаа ОХУ-ын ЭСЯ-ны өмнө эсэргүүцлийн жагсаал зохион байгууллаа*, «Ikon», 26 marzo 2022.

101 Emanuel Pietrobon, *Ucraina, una guerra (anche) dell'informazione*, «InsideOver», 31 marzo 2022.

Occidente, in pratica, la narrativa ucraina sembra aver egemonizzato il panorama pubblico e alimentato estese simpatie verso la causa di Zelenskij»[102].

Ricostruire il raggio d'azione e l'effettività dell'agenda comunicativa dell'Ucraina è essenziale. Aiuta a capire perché gli appelli di Zelenskij, dall'applicazione di dure sanzioni economiche all'invio di armamenti, abbiano trovato risposta in Occidente ma indifferenza, neutralità antagonistica e rifiuti altrove. Ma serve anche per riflettere su due cose.

La prima è che la guerra mentale ucraina è stata un evidente successo: ha attecchito e ottenuto risultati tangibili negli obiettivi primari, cioè Occidente e spazio postsovietico, mentre nel resto del mondo non ha funzionato sia perché non è mai stato un obiettivo realistico – chi, oltre all'Alleanza Atlantica, avrebbe potuto inviare armi all'Ucraina? E chi, oltre all'Occidente, avrebbe potuto introdurre rigide sanzioni alla Russia? –, sia perché è stato soverchiato dalla rivale macchina del Cremlino.

La seconda cosa su cui riflettere ha a che fare con la percezione distorta della realtà dell'opinione pubblica occidentale, incapace di capire e di accettare che nel resto del mondo la causa ucraina non abbia riscosso nutrite simpatie. Questa percezione è indicativa di un fatto: il mondo in bolle è qui, o meglio è sempre stato qui, ma le guerre mentali stanno contribuendo a trasformare le bolle in compartimenti stagni, non comunicanti, dei quali non sarà semplice trovare la via d'uscita.

102 Ibidem.

CONCLUSIONI

> Viviamo in un mondo dove il rumore costante imprigiona le nostre menti, anche quando non ne siamo consapevoli[103].
>
> JOOST A.M. MEERLOO

Questo libro è stato concepito allo scopo di far comprendere al pubblico quanto epocale sia la guerra in Ucraina, un conflitto che, come abbiamo detto, verrà ricordato dalla posterità come lo spartiacque del XXI secolo per una pluralità di ragioni. In primo luogo per via dell'indiscutibile influenza esercitata da Volodymyr Zelenskij che, agendo da classica variabile impazzita, ha sabotato l'agenda di invasione della Russia, è diventato il costruttore dell'identità nazionale ucraina e ha traghettato il mondo verso una nuova era densa di insidie e incognite: l'era della guerra cognitiva permanente, degli assedi mentali, della distruzione dell'autonomia del pensiero.

Inventore di un nuovo modo di fare politica, il cine-populismo, Zelenskij sarà anche ricordato come un innovatore che, prendendo appunti dal tecno-populismo, dal populismo algoritmico e dal nazionalismo banale dei grandi demagoghi degli anni Dieci del Duemila, li ha ottimizzati per confezionare un prodotto unico nel suo genere e destinato a fare scuola, a diventare norma, proprio come le guerre mentali.

103 *Psychological Warfare Quotes*, Goodreads.

Cine-populismo e guerre mentali hanno un elemento in comune: l'imperio dell'emotività è il carburante che dà loro forza. Una persona sottoposta alla visione di immagini scioccanti ha molte più possibilità di essere convinta a seguire un determinato corso d'azione rispetto a un soggetto freddo, raziocinante e realista. Il cine-populismo e le guerre mentali, in effetti, non sono che il trionfo del cuore sul cervello e, dunque, dell'impulso istintivo sulla logica e sulla razionalità.

Ma la guerra ucraina sarà considerata dalle prossime generazioni un punto di svolta anche a causa dei cambiamenti messi in moto nelle relazioni internazionali, negli equilibri politici, nelle tendenze geoeconomiche. Spartiacque delle arti belliche, della comunicazione politica, ma anche di quella che i politologi definiscono la competizione tra grandi potenze, che per i giornalisti è la "guerra fredda 2.0" e che Papa Francesco ha ribattezzato come «la terza guerra mondiale a pezzi».

Mente, ultima frontiera

> La propaganda, molto spesso, viene descritta come una manipolazione che ha come fine l'alterazione dei pensieri o delle opinioni degli individui, per indurli a credere a qualche idea o fatto, con il risultato finale di farli aderire a una certa dottrina – tutte questioni che riguardano la mente. È il tentativo di convincere, di portare a una decisione, di creare un'adesione ferma a una verità. Ma questa linea di pensiero è completamente errata: continuare a considerare la propaganda come se fosse ancora quella del 1850 equivale ad aggrapparsi a una concezione obsoleta dell'uomo e degli strumenti per influenzarlo; significa condannare se stessi a non capire nulla della propaganda. La propaganda contemporanea non vuole più modificare le idee, ma provocare l'azione. Non si tratta più di mutare l'appartenenza a una dottrina, ma di spingere l'individuo ad abbracciare irrazionalmente un corso d'azione. Non si tratta più di trasformare un'opinione, ma di formare delle convinzioni attive e mitologiche[104].
>
> JACQUES ELLUL

L'espansione della conflittualità alla sesta dimensione è già una realtà e trovare un vaccino, edificare delle forme di immunità, non sarà semplice per le persone comuni. Se l'obiettivo della propaganda ai tempi di Lippmann era di guidare le greggi durante le tempeste, Ellul aveva già intuito negli anni Sessanta il futuro sviluppo della manipolazione psicologica: la creazione di automi perenni da trasformare in soldati al

104 Jacques Ellul, *Propaganda: The Formation of Men's Attitudes*, Vintage Books, 1973, p. 25. Traduzione mia.

momento opportuno e il condizionamento permanente della collettività come fine delle società tecnologiche rette da regimi postdemocratici e costantemente (dis)orientate e (dis) informate dalla postverità.

L'Ucraina, primo teatro operativo delle guerre per il controllo mentale totale, è stata il capolinea prevedibile e ineluttabile di un percorso in qualche modo connaturato all'Uomo, perché propaganda e strumentalizzazione delle emozioni esistono da sempre, ma che è diventato scienza soltanto nel Novecento.

L'Alleanza Atlantica ha già mosso i primi passi nell'innovativo campo della sesta dimensione della conflittualità, come palesa uno studio del 2020[105] sulle guerre cognitive, ed è giunta alle stesse conclusioni di questo libro: le armi mentali sono il futuro, un futuro cupo. Perché se costituiscono una manna dal cielo per l'Occidente, ancora intento a trasfigurare il mondo a sua immagine e somiglianza come preconizzato da Francis Fukuyama, lo sono anche e soprattutto per quei regimi chiusi e dittatoriali che, per loro natura, avrebbero e avranno il modo di impermeabilizzare le loro società e, volendo, di infiltrare facilmente le nostre.

La «militarizzazione delle scienze cognitive in una guerra al processore degli individui, il cervello, [avrà] implicazioni su vari livelli»[106]. Ritengo, come è sottinteso anche nei documenti della NATO, che tali implicazioni daranno più filo da torcere alle società libere e democratiche che alle altre, cioè le illiberali, semilibere, autoritarie e dittatoriali. E questo

105 *Countering cognitive warfare: awareness and resilience*, NATO, 20 maggio 2021.
106 Ibidem.

perché nelle società avanzate, iper-tecnologizzate e connesse 24/7, le «abilità cognitive possono essere indebolite da social media e dispositivi intelligenti (*smart*)», perché «l'uso dei social media può aumentare i bias cognitivi e gli errori decisionali innati»[107].

La guerra in Ucraina ha provato il potere di questo nuovo tipo di guerra in divenire: per la causa si è disposti a rinunciare a ogni cosa, incluse comodità assodate come il riscaldamento e la benzina, e si è disposti a tutto, dall'arruolarsi in una legione straniera al rischiare una guerra mondiale.

Ma le guerre mentali, come si è scritto più volte, contrariamente alle *psyops* e alle *infowars* classiche, non vogliono esaurirsi nel medio periodo, vengono invece concepite con l'obiettivo di attecchire. È proprio questa caratteristica a renderle pericolose: la metafora perfetta rimane quella del seme che, se non rimosso dal terreno, può condurre alla germinazione di una pianta carnivora dalle radici profonde. Gli automi che in un primo momento sono impiegati per appoggiare una guerra, in un secondo momento potrebbero sposare qualsiasi altra causa e immolarsi per essa. Uno scenario tetro e desolante: società compartimentate, popolate da individui dissennati e diffidenti che vivono dentro bolle tra loro non comunicanti e che entrano in conflitto a ogni incontro. Un futuro in cui mantenere l'autonomia cognitiva, un pensiero sovrano, potrebbe non essere sufficiente a contrastare le armi di cine-populisti e ingegneri del consenso.

107 Ibidem.

L'inevitabilità del cine-populismo

> La classe che detiene i mezzi della produzione materiale ha il controllo, allo stesso tempo, dei mezzi della produzione mentale, cosicché, nel complesso, ad essa sono assoggettate le idee di coloro ai quali mancano i mezzi della produzione mentale[108].
>
> FRIEDRICH ENGELS

Il populismo cinematografico di Zelenskij è l'evoluzione naturale di un fenomeno tipico delle realtà avanzate del Terzo millennio, il tecno-populismo, un genere innovativo di politica che rappresenta contemporaneamente una vittoria e una sconfitta per le masse. È la vittoria di capi carismatici che si rivolgono agli elementi più irrazionali ed emotivi delle società, che sono anche i più vulnerabili alle armi cognitive, prendendoli per la gola, inculcandogli dei bisogni e abbassando la qualità della politica contemporanea. È la sconfitta dei componenti più raziocinanti delle società, il cui realismo e il cui distacco emotivo possono essere, anche se non è aprioristicamente detto, una garanzia contro l'imbarbarimento e i conflitti trainati da *infowars*, *psyops* e guerre mentali. Questo nuovo modo di fare politica è, in sintesi, una tappa fondamentale verso la regressione delle democrazie in ideocrazie.

Il cine-populismo, per ovvie ragioni, troverà terreno fertile sul quale crescere e prosperare in alcuni luoghi più che

108 Friedrich Engels, Karl Marx, *L'ideologia tedesca*, 1846, p. 35.

in altri. È l'emblema delle società dell'apparire, più attente alla forma che al contenuto e più interessate all'impulso che al calcolo, perciò attecchirà dove l'algoritmo detta legge, dove lo spettacolo è la bussola della società e dove il livello cognitivo-intellettivo medio fornisce ampi spazi di manovra alla suggestione e alla teatralità. È un errore, dunque, pensare che si tratti di un fenomeno destinato a rimanere circoscritto all'Occidente. Del resto, non è nato in Occidente ma in Ucraina, dove Zelenskij si è semplicemente nutrito di un prodotto occidentale, il tecno-populismo, e lo ha migliorato.

La rivoluzione di Zelenskij ha avuto successo, ed esperimenti simili – da Trump a Jair Bolsonaro – hanno inciso profondamente dentro e fuori i loro contesti di riferimento, perché il populismo 2.0 è l'equivalente politico dei classici "tormentoni" musicali, che funzionano perché sono orecchiabili, facili da memorizzare e distribuiti dopo mesi di monotonia. Le nuove forme di populismo digitale funzionano perché sono dotate di uno scheletro e rette da una logica simili: contenuto leggero, stile accattivante. Scuotono dei cervelli stremati, riempiono delle pance allupate. Non è importante che le promesse siano esagerate e oggettivamente irrealizzabili, poiché non è a una testa pensante che si rivolge il cine-populista, ma a uno stomaco a digiuno. Peraltro, il messaggio può essere recepito da chiunque, perché è trasmesso con un linguaggio semplificato, non codificato, basato su figure retoriche. Ingredienti saporiti, facilmente utilizzabili anche dal politico più inesperto – basta che si circondi di *spin doctors*, *social media managers* e specialisti pubblicitari adeguati –, che rendono il cine-populismo una ricetta di successo di cui si sentirà parlare ancora a lungo.

Riflessioni sull'ordine mondiale che verrà

Dunque, Zelenskij troverà spazio nei libri di Storia per essere stato il primo leader online in tempo di guerra, il definitivo forgiatore dell'identità ucraina e il pioniere del cine-populismo; e il 2022, ugualmente, sarà ripercorso dagli studenti dell'avvenire come un anno di grande valore, perché si può definire un *Anno Mundi*, ovvero l'inizio di un nuovo ciclo, il primordio di una nuova epoca.

La Russia, invadendo l'Ucraina, scatenando la reazione dell'Occidente e costringendo il resto del mondo ad assumere una posizione, ha messo in moto una catena di eventi che avrà fine quando il sistema internazionale troverà un nuovo equilibrio. In Ucraina è iniziata, effettivamente, la transizione verso un multipolarismo integrale. Integrale perché un multipolarismo economico, militare e tecnologico esisteva già prima del 24 febbraio 2022 e perché, se questa nuova fase della "terza guerra mondiale a pezzi" si concludesse a favore dell'asse Mosca-Pechino, l'intero sistema disegnato da Washington nel secondo dopoguerra verrebbe meno e una nuova globalizzazione prenderebbe forma.

La guerra ucraina è il punto finale di un processo cominciato nel 1999, quando russi e cinesi, colpiti dall'intervento dell'Alleanza Atlantica in Serbia, hanno gettato le basi per l'"Intesa amichevole" del Ventunesimo secolo e si sono accordati per lavorare insieme al superamento di quel "momento unipolare" che stava spargendo instabilità in tutta l'Eurasia, il loro habitat. Di lì a breve, nel 2001, è stato firmato il "Trattato di buon vicinato, amicizia e cooperazione". Nel 2006, poi, è stato fondato il gruppo BRICS, con l'obiettivo statutario di superare il dominio del petrodollaro. Il momento della svolta, però, è stato Euromaidan, la rivoluzione colorata in Ucraina del 2014, che Russia e Cina avrebbero dovuto inventare, se non ci fosse stata spontaneamente. A partire da quel momento, da quel vicino eppure lontano 2014, infatti, mentre gli Stati Uniti ottenevano l'Ucraina, per la felicità di Brzezinski, il dinamico duo si rammentava degli eventi e della promessa del 1999 e trasformava l'Intesa in realtà. Era l'alba di un patto per il multipolarismo che, con il passare del tempo, ha magnetizzato ampie fasce del Sud globale, riacceso vecchi conflitti in giro per il mondo, infiammato l'Indo-Pacifico e messo a soqquadro persino il "cortile di casa" degli Stati Uniti, l'America Latina.

Ripercorrere la breve ma intensa storia della competizione tra grandi potenze, della lotta per il nuovo ordine mondiale, è l'unico modo per cogliere l'essenza della guerra in Ucraina e per contestualizzarla storicamente. In Ucraina non si sono solo affrontati due eserciti per questioni di territorio e sicurezza nazionale, ma si sono confrontati due blocchi nell'ambito di una guerra per la riscrittura della geografia del potere a livello globale. L'Ucraina è il dito, la transizione multipolare è la luna. Se gli Stati Uniti hanno capitalizzato il conflitto, è allo scopo di catalizzare il disaccoppiamento delle due Europe, UE e Russia; se la Repubblica Popolare Cinese ha approfittato degli eventi, è per scagliare un attacco al dollaro svelando il proposito del petroyuan[109]; così, a una a una, le principali potenze di ogni continente hanno preso una posizione, hanno fatto una scelta di campo. L'Ucraina, in questo senso, funge da luogo di un *redde rationem* nell'aria da anni, da trincea chiave di una guerra mondiale a pezzi.

La guerra ucraina, in definitiva, verrà ricordata come il principio di un tragitto di rimodulazione della globalizzazione su linee regionali, e la fine dell'eurasismo, dell'ambizione di una "Grande Eurasia".

La lotta in corso è per stabilire chi occuperà cosa, e come, nell'ordine mondiale che emergerà negli anni a venire. Uno scenario, comunque, è già possibile prevederlo: dinamiche civilizzazionali[110], demografiche, economiche, ideologiche e militari sembrano suggerire che nel futuro assetto del mondo, incardinato sulla de-dollarizzazione e con un baricentro nel Sud globale, cioè l'"Asiafrica", l'Occidente potrebbe cessare di essere il cuore pulsante e il motore trainante dell'economia

109 Petroyuan è il termine con cui si fa riferimento alla valuta nazionale cinese impiegata per la compravendita di prodotti petroliferi nei mercati mondiali. Se Pechino dovesse riuscire ad agganciare la propria valuta al petrolio in una maniera simile a quella fatta da Washington con il dollaro, l'egemonia globale del dollaro ne risentirebbe in maniera significativa.

110 Numerosi autori concordano sul declino della civiltà occidentale, che sarebbe cominciato nel Novecento, ma si dibatte apertamente sulla sua presunta irreversibilità.

planetaria, diventando solo uno dei blocchi – sebbene tra i più influenti – che la compongono.

Bibliografia

Електоральні орієнтації громадян України та їх ставлення до резонансних подій останнього часу (жовтень 2021р.), Centro Razumkov, 1 novembre 2021.

Юрист Зеленського зареєстрував нову політичну партію Слуга народу, «Unian», 3 dicembre 2017.

Моніторинг електоральних настроїв українців (12-16 квітня 2019), Rating Group, 18 aprile 2019.

Монголчууд орчин үеийн түүхэндээ анх удаа ОХУ-ын ЭСЯ-ны өмнө эсэргүүцлийн жагсаал зохион байгууллаа, «Ikon», 26 marzo 2022.

Національне опитування: Україна у війні (1 березня 2022), Rating Group, 1 marzo 2022.

Зеленський vs Порошенко: дебати на стадіоні та в студії Суспільного, «hromadske», 19 aprile 2019.

"No alla censura contro Alessandro Orsini": la petizione dei professori a favore del collega accusato di essere "filorusso", «il Fatto Quotidiano», 8 marzo 2022.

Armenian communists and peace activists hold competing Ukraine protests, «OC Media», 21 marzo 2022.

Arresti domiciliari per Viktor Medvedchuk: quali sono le accuse e quali le prospettive del processo?, Ukraine Crisis Media Center, 16 giugno 2021.

Azerbaijanis take to the streets against Russian invasion, «OC Media», 28 marzo 2022.

Countering cognitive warfare: awareness and resilience, NATO, 20 maggio 2021.

Four-in-ten Ukrainians say President Zelenskyi is the disappointment of 2020 – survey, Ukraine Crisis Media Center, 18 dicembre 2020.

Guerra in Ucraina: cosa pensano gli italiani?, ISPI, 6 aprile 2022.

How Germany, shaken by Ukraine, plans to rebuild its military, «France24», 29 marzo 2022.

Milano, la Scala conferma: la soprano russa Anna Netrebko non sarà sul palco, «Rai News», 1 marzo 2022.

Moldovan youths protest Russian invasion of Ukraine, «NHK», 19 marzo 2022.

Over 600 Companies Have Withdrawn from Russia – But Some Remain, Yale school of management, 5 aprile 2022.

Perché l'università Bicocca ha censurato Dostoevskij, la spiegazione di Paolo Nori, «Il Riformista», 3 marzo 2022.

Profile: Ihor Kolomoyskyy, «Bloomberg».

Profile: Who are Ukraine's far-right Azov regiment?, «Al Jazeera», 1 marzo 2022.

Protesters In Tbilisi Decry Georgian Government's Inadequate Support For Ukraine, RFERL, 1 marzo 2022.

Psychological Warfare Quotes, Good Reads.

Sondaggio: stop a petrolio e gas russo. Favorevole un terzo degli italiani, Affari Italiani, 18 marzo 2022.

The sixth national poll: the language issue in Ukraine (March 19th, 2022), Rating Group, 25 marzo 2022.

Thousands Of Georgians Protest Russia's Invasion Of Ukraine, RFERL, 25 febbraio 2022.

Ukraine's GDP fell by 4.4 pct in 2020: Ukrainian national bank, «Xinhua News», 22 gennaio 2022.

Ukrainian MP: Zelensky must resign and start negotiations with Russia, «The Limited Times», 25 febbraio 2022.

Volodymyr Zelenskyy's Inaugural Address, Presidency of Ukraine, 20 maggio 2019.

Volodymyr Zelensky overtook Kanye West in the number of followers on Instagram, The Saxon, 10 marzo 2022.

War in Ukraine: President Zelensky posts video from office in Kyiv, «BBC», 8 marzo 2022.

Zelensky a Montecitorio: «Immaginate Genova come Mariupol, completamente distrutta», «The Huffington Post», 22 marzo 2022.

Zelensky comes to hospital to visit people wounded when evacuating from Kyiv Region, «Ukrinform», 17 marzo 2022.

Zelensky, la diplomazia su Instagram: come il presidente dell'Ucraina utilizza il social network per comunicare coi leader del mondo, «Il Secolo XIX», 26 febbraio 2022.

Dalia Al-Aqidi, *How Zelensky used social media to his advantage*, «Zawya», 7 marzo 2022.

Lord Ashcroft, *Ukrainians want to stay and fight, but don't see Russian people as the enemy. A remarkable poll from Kyiv*, Lord Ashcroft Polls, 4 marzo 2022.

David M. Herszenhorn, Lili Bayer, Hans Von Der Burchard, *Germany to send Ukraine weapons in historic shift on military aid*, «Politico», 26 febbraio 2022.

Andy Blatchford, *Band of others: Ukraine's legions of foreign soldiers are on the frontline*, «Politico», 24 marzo 2022.

Sharon Braithwaite, *Zelensky refuses US offer to evacuate, saying «I need ammunition, not a ride»*, «CNN», 26 febbraio 2022.

Zbigniew Brzezinski, *The Grand Chessboard: American Primacy and Its Geostrategic Imperatives*, Basic Books, 1997; trad. it. *La grande scacchiera*, Longanesi, 1998.

Maria Caspani, *Zelenskiy asks Grammys audience to support «in any way you can»*, «Reuters», 3 aprile 2022.

Matthew Chance, *Zelensky urges Biden to send strong message on Russia and says: «I'm not iconic. Ukraine is iconic»*, «CNN», 1 marzo 2022.

Dan Cohen, *Ukraine's Propaganda War: International PR Firms, DC Lobbyists and CIA Cutouts*, «MPN News», 22 marzo 2022.

Gianluca Comin, *Zelensky, le metamorfosi del leader e il potere della comunicazione*, «Formiche», 1 marzo 2022.

Rachel Denber, *New Language Requirement Raises Concerns in Ukraine*, Human Rights Watch, 19 gennaio 2022.

Jacques Ellul, *Propaganda: The Formation of Men's Attitudes*, Vintage Books, 1973.

Friedrich Engels, Karl Marx, *L'ideologia tedesca*, 1846.

Amy Feldman, Cyrus Farivar, *For Ukraine's Tech Startups, Fighting The War Means Memes, Information Campaigns – And Keeping Their Businesses Going*, «Forbes», 4 aprile 2022.

Maria C. Fiumanò, *Solo il 40% degli italiani è d'accordo con l'invio di armi in Ucraina*, «Dire», 20 marzo 2022.

Rob Gillies, *Zelenskyy appeals for help from Canada in emotional speech*, «AP News», 15 marzo 2022.

Valerie Hopkins, *In video, a defiant President Zelensky says «We are here»*, «The New York Times», 25 febbraio 2022.

Victor Jack, *From ballerinas to boxers, Ukrainian sports stars sign up to fight Russia*, «Politico», 9 marzo 2022.

Adrian Karatnycky, *The World Just Witnessed the First Entirely Virtual Presidential Campaign*, «Politico», 24 aprile 2019.

Jacob Knutson, *Poll: Americans want tougher sanctions on Russia over Ukraine invasion*, «Axios», 28 marzo 2022.

Jason Lange, *EXCLUSIVE Americans broadly support Ukraine no-fly zone, Russia oil ban – poll*, «Reuters», 4 marzo 2022.

Walter Lippmann, *Public Opinion*, Harcourt, 1922.

Pierluigi Mele, *Il metodo Zelensky: come il presidente ucraino ha cambiato la comunicazione in tempi di guerra*, «Rai News», 22 marzo 2022.

Veronika Melkozerova, Servant of the People*'s leaders Ukraine's presidential race*, «CodaStory», 4 marzo 2019.

Christopher Miller, *Crowdsourcer in Chief: Ukrainian funnyman takes unorthodox path to top of presidential pack*, RFERL, 28 febbraio 2019.

Mikhail Minakov, *Just Like All the Others: The End of the Zelensky Alternative?*, Wilson Center, 2 novembre 2021.

Mansur Mirovalev, *As bombs fall on Ukraine, memes ridicule Russian aggression*, «Al Jazeera», 10 marzo 2022.

Miguel Pérez Pichel, *Volodimir Zelenski convierte la comunicación política en una poderosa arma contra Putin*, «El Debate», 12 marzo 2022.

Emanuel Pietrobon, *Il futuro del mondo post-Covid19*, Vision and Global Trends, 17 settembre 2021.

Emanuel Pietrobon, *L'arte della guerra segreta*, AKP, 2020.

Emanuel Pietrobon, *La strategia di Dracula*, «InsideOver», 3 aprile 2021.

Emanuel Pietrobon, *Luci e ombre di Volodymyr Zelenskij*, «Il nuovo baracchino», 21 marzo 2022.

Emanuel Pietrobon, *Ucraina, una guerra (anche) dell'informazione*, «InsideOver», 31 marzo 2022.

Joshua Posaner, *Ukraine's Volodymyr Zelenskyy tops POLITICO 28 poll as most powerful person in Europe*, «Politico», 22 marzo 2022.

Jacob Poushter, Aidan Connaughton, *Zelenskyy inspires widespread confidence from U.S. public as views of Putin hit new low*, Pew Research Center, 30 marzo 2022.

Brahim Ramli, *In guerra nulla è come sembra*, «Dissipatio», 31 marzo 2022.

Kalhan Rosenblatt, Kat Tenbarge, *Ukraine fights back on TikTok, where war is fought with memes and misinformation*, «NBC», 4 marzo 2022.

Pam Rutledge, *How Memes and Media Are Crafting the Way We See War*, Fielding Graduate University, 1 aprile 2022.

Linley Sanders, Kathy Frankovic, *Americans want to support Ukraine, but not with U.S. Troops*, YouGov, 11 febbraio 2022.

Hasit Shah, *Read the full text of Ukrainian president Volodymyr Zelenskyy's speech to the US Congress*, «Quartz», 16 marzo 2022.

Paolo Sorbello, *As the War Continues, Ukraine Is on Kazakhstan's Mind*, «The Diplomat», 17 marzo 2022.

Tim Stickings, *Ukraine's president trolls all major world leaders in hilarious WhatsApp presentation joking about Brexit, North Korea's nuclear missiles and Russia's annexation of Crimea*, «Daily Mail», 22 settembre 2019.

Anjana Susarla, *Why Zelenskyy's 'selfie videos' are helping Ukraine win the PR war against Russia*, «The Conversation», 1 marzo 2022.

Cristiano Tassinari, *Euronews intervista Zelensky, presi-*

dente dell'Ucraina: Donbass, Crimea, UE, Trump, Lukashenko..., «euronews», 26 agosto 2020.

Mykola Vorobiov, *How Ukraine's Presidential Race Is Shaping Up*, Atlantic Council, 29 ottobre 2018.

Katie Wermus, *Zelensky Calls on Putin for Face-to-Face Talks, Says «I Don't Bite»*, «NewsWeek», 3 marzo 2022.

Joshua Yaffa, *Ukraine's unlikely president, promising a new style of politics, gets a taste of Trump's swamp*, «The New Yorker», 4 novembre 2019.

Indice

Stampato da Puntoweb
Via Variante di Cancelliera snc, Ariccia (RM)
per conto di Lit Edizioni s.a.s.